El amor es la respuesta

Swamini Krishnamrita Prana

El amor es la respuesta
Swamini Krishnamrita Prana

Publicado por:
Mata Amritanandamayi Center
P.O. Box 613
San Ramon, CA 94583
Estados Unidos

––––––––– *Love is the Answer (Spanish)* –––––––––

Primera edición: abril 2016

En España:
www.amma-spain.org
fundación@amma-spain.org

En la India:
inform@amritapuri.org
www.amritapuri.org

Índice

El tema de esta noche es el amor.

Y también el de la próxima noche.

De hecho, no conozco un tema

mejor para que hablemos sobre él

hasta que todos nos muramos

— Hafiz

Capítulo 1

El amor puro encarnado

*Cuando te des cuenta de lo perfecto que
es todo, echarás la cabeza hacia atrás
y te reirás mirando hacia el cielo.*

El Buda

A menudo, Amma nos pide que no digamos
«te quiero». En lugar de eso hay que decir «yo
soy amor». Este es un pilar fundamental de sus
enseñanzas; pero, ¿qué significa realmente ser
amor? Es imposible entender verdaderamente
el concepto del amor con palabras; pero, si permitimos que la inocencia y la compasión llenen
nuestro corazón, seremos capaces de experimentarlo. Si observamos a Amma con humildad y
con un corazón abierto, podemos ser capaces de

sintonizar directamente con la esencia de lo que Ella está diciendo.

Cuando hay amor puro en el corazón, no hay separación; simplemente, todo se vuelve uno. Todos estamos buscando este amor; pero en realidad no está tan lejos. Por el contrario, está esperando pacientemente dentro de cada uno de nosotros. Existimos para convertirnos en amor, pero tendemos a pasar mucho tiempo mirando fuera de nosotros mismos, yendo detrás de todo lo demás, y por eso nunca encontramos la realización final. En cambio, Amma nos anima a soltar nuestras negatividades y a fundirnos con el amor puro que está encerrado en nuestro corazón. En teoría, esto es muy fácil, pero resulta sumamente difícil de hacer.

Amma es como un río rebosante de bondad. Su grandeza reside no solo en haber alcanzado el estado final del conocimiento de Dios, sino también en haber ido mucho más allá para abarcar una vida de compasión incondicional. Expresar amor forma parte, sencillamente, de la naturaleza de una madre.

Recuerdo un día que, yendo en coche, Amma se volvió hacia mí y me acarició en el hombro con muchísimo cariño. Era como si estuviese diciendo: «solo te estoy haciendo saber que te quiero». La recuerdo haciendo eso sin ningún motivo; simplemente, a veces rebosa bondad, no lo puede evitar. En otra ocasión, me llamó y empezó a hablar de algo. Y, al cabo de un ratito, dijo: «Ahora ya te puedes ir. Llevaba unos días sin verte la cara, así que solo quería verte». Amma desea hacer felices a todos de una u otra forma. Por eso nunca he intentado llamar su atención, porque sé que Amma me dará cualquier cosa que realmente necesite.

Cuando el catalizador del amor llena nuestro corazón, se desborda en forma de compasión. En varias ocasiones he oído a Amma decir: «Mi camino no es el camino de moksha (la liberación). Mi camino es amar y servir al mundo».

Eso me confundió las primeras veces que Le oí decirlo. Pensé: «¿Cómo puedo contarle esto a nadie? Se sentirán muy decepcionados, porque todo el mundo piensa que moksha es la meta de la vida». Entonces oí la segunda parte:

«El camino de un sannyasin (monje o monja) consiste en olvidarse de su propia liberación. Debe estar dispuesto a bajar al infierno para elevar a todo el mundo olvidándose de sí mismo». Entonces entendí que estaba hablando del ideal más alto por el que podemos esforzarnos por lograr: la compasión en acción.

Nuestro objetivo no debe ser realizar prácticas espirituales para nuestra propia emancipación, sino amar y servir al mundo porque es el camino más elevado. En lugar de rezar diciendo «libérame de esto», debemos rezar diciendo: «Ayúdame a aceptar la voluntad divina y a servir al mundo de alguna manera».

La compasión es nuestra verdadera naturaleza. Desgraciadamente, para la mayoría de la gente permanece dentro, profundamente dormida y fuera de alcance, cubierta de todo tipo de suciedad. Si queremos despertar la verdadera naturaleza del amor que se encuentra dentro de nosotros, recibir no debe ser nuestra única meta en la vida. También tenemos que aprender a dar.

En lugar de centrarnos en recibir, debemos esforzarnos en dar compasión a los demás siempre que podamos. Si queremos convertirnos en seres humanos evolucionados, debemos comprender a todos y tener compasión por ellos, ayudando a los demás de las maneras que podamos.

La compasión es la filosofía de Amma. Ella practica el amor y la compasión por todos y nos enseña con su ejemplo personal diario.

La gente no se hace idea de cuánto desea Amma de verdad hacernos felices. Su meta es acabar con el sufrimiento de quienes están afligidos. Todas y cada una de las acciones de Amma son verdadera *seva*, servicio por compasión.

Amma vive con una extrema austeridad, pero es una austeridad nacida del amor. Ella siempre antepone las necesidades de los demás a las suyas propias. No come hasta después de haberse entregado sirviendo. Mientras la mayoría de la gente come dos o tres veces al día, Amma solo come una vez, como mucho. Nunca desayuna, y comienza el darshan (tradicionalmente significa «visión» de un santo; pero Amma bendice a la gente mediante su abrazo) sobre las diez o las once de la mañana. Ayuna todo el día y toda la noche y solo come cuando vuelve a la habitación después de haber dado darshan, a menudo después de la media noche cuando lo hace en el áshram. Mientras viaja, los programas de Amma normalmente terminan a las tres o las cuatro de la madrugada, a veces más tarde. Aun así, mantiene el ayuno.

Amma rara vez duerme más de unas pocas horas por la noche, y hay muchas noches en las que simplemente no duerme en absoluto. Pasa cada momento en que está despierta atenta a cómo servir, y lo expresa abrazando a la gente, leyendo los cientos de cartas que recibe todos los días, dirigiendo personalmente los innumerables proyectos benéficos, hospitales, orfanatos y escuelas que ha fundado o aconsejando a los devotos y respondiendo sus preguntas.

Amma ha escuchado literalmente millones de problemas de la gente y Se ha puesto a disposición de cada una de las personas de todas las maneras posibles. Ella siempre ha seguido un camino *dhármico* (recto) de sacrificio y servicio inspirados por el amor.

Esa es su vida: simplemente dar.

Amma adora a cada una de las personas que acuden a Ella, no al revés. Algunas personas han creído erróneamente que Amma quiere que La adoren; pero eso está lejos de la verdad y es casi de risa cuando uno piensa cómo vive. Estar presente para el público todos los días durante horas y horas, sin importar como Se sienta, es un sacrificio del más alto grado.

Multitud de personas tocan y agarran cada día a Amma, y Ella se priva de descansos para comer y para ir al baño durante todo el día y hasta la noche. A la mayor parte de las personas eso les parecería un horrible castigo. Escuchar las mismas quejas, preguntas y peticiones una y otra vez cientos de veces todos los días seguramente nos volvería locos; sin embargo, Amma Se ofrece con amor y alegría a todos los que se Le acercan y lo ha hecho continuamente durante los últimos cuarenta y cinco años.

Amma encarna la verdadera adoración. Ella ve lo Divino en cada uno de nosotros y adora a Dios por medio del servicio, la compasión y la empatía. La energía del amor puro y auténtico es lo que Le permite darse continuamente y realizar proezas sobrehumanas.

En el mundo de hoy no podrás encontrar ningún otro *mahatma* (gran alma) como Amma. Nunca ha habido nadie a lo largo de la historia que haya dado más amor, gracia y compasión al mundo que Ella. Ella es la esencia de todo lo que es Divino junto. Por muy lejos que mires, ningún otro maestro ha emanado nunca tanta sabiduría, alegría y risas.

Amma muestra al mundo lo que se puede hacer cuando instalamos lo Divino en nuestro corazón. Dice: «Tienes el amor dentro de ti. Solo tienes que cambiar de actitud. No eres como un farol; te pareces más a un transformador que puede generar una electricidad tremenda. No eres como una vela que hay que encender, sino como el Sol que se ilumina a sí mismo».

Amma nos recuerda constantemente que nosotros también tenemos una chispa divina de amor puro que permanece dentro de nosotros esperando encenderse y transformarnos. Solo tenemos que seguir soplando y se convertirá en una enorme hoguera que destruirá nuestras negatividades y traerá luz al mundo.

Capítulo 2

Una cultura altruista

Lo que importa no son unas grandes hazañas, sino un gran amor. La santidad es algo cotidiano.

Santa Teresa de Lisieux

Amma a veces afirma que su madre fue su guru. A menudo nos ha dicho que su madre era un ejemplo de los valores tradicionales del amor y el servicio. Amma ha dicho: «Yo os digo que debéis amar a los demás como a vosotros mismo, pero Damayanti Amma lo demostraba en sus acciones».

Cuando Amma era pequeña, los aldeanos no encendían un fósforo o una lámpara en cada casa. Se encendía una lámpara en una casa y llevaban la llama a las demás casas con una mecha encendida en una cáscara de coco. La madre de Amma Le enseñó que cuando iba a otra casa a recoger el fuego siempre debía comprobar si necesitaban alguna ayuda. Si había cacharros sucios, primero debía fregarlos todos, barrer el suelo y ayudar de todas las maneras posibles. Solo entonces podía llevarse la luz, no antes. Enseñando a Amma de esta manera, su madre daba ejemplo de la clase de valores que regían la vida de la aldea y que caracterizaron la educación de Amma

El medio de vida de la aldea de Amma era la pesca, pero la gente no seguía un sistema de patrón y empleado. Por el contrario, su estructura económica se basaba en el apoyo y el compartir de la comunidad. Se cuidaban los unos a los otros, incluso a costa del beneficio y las ganancias personales. La cooperación siempre se valoraba más que la competencia. Los valores que rodean el trabajo y el dinero estaban mucho más basados en la comunidad, cuando Amma era pequeña, que actualmente.

En el pueblo donde vivía su familia, la mayor parte de los hombres eran pescadores. Cuando volvían del mar con sus capturas, vendían el pescado y daban el setenta y cinco por ciento de los beneficios repartiéndolos equitativamente entre todos los que ayudaban. También apartaban un poco para los ancianos y las viudas del pueblo que no podían cuidar de sí mismos. Los necesitados no tenían que pedir nada porque siempre se les daba algo. Las monedas sobrantes se repartían entre los niños para que pudieran comprar golosinas.

Esta actitud de compartir impregnaba la vida del pueblo. Incluso si el padre de Amma no pescaba nada, su madre apartaba un plato de comida para la gente de la puerta de al lado, por si no tenían nada para comer. Su familia aprovechaba al máximo lo poco que tenía para que los niños que vivían cerca no pasaran hambre.

Era costumbre que, cuando unas personas visitaban otras casas, siempre se les ofrecieran alimentos. Por eso, se aseguraban de no ir a casa de nadie sin estar seguros de que todos en esa familia hubieran comido. Sabían que su anfitrión insistiría en darles de comer y no querían incomodar a nadie si no tenían suficiente comida para invitar. Los aldeanos siempre pensaban en los otros antes que en ellos mismos. Tenían arraigada esa forma de vivir. Amma dice que esa esencia de amor era lo que mantenía a las familias y a las comunidades juntas en aquellos días.

Con motivo de una boda o de una fiesta, la gente ofrecía de buen grado su mejor ropa para que otros se la pusieran. Si había una boda en una casa, todos los vecinos daban algo de dinero para ayudar. Las donaciones se registraban en un libro, y los favores se devolvían más adelante. Nadie acaparaba, porque la gente vivía realmente en el momento presente. Los aldeanos no pensaban en ahorrar dinero para el futuro. No tenían nunca cuentas bancarias sino que vivían sencillamente día a día. Ese sistema funcionaba porque los aldeanos estaban dispuestos a cuidar los unos de los otros.

Cuando Amma era joven, su familia y la comunidad de la aldea emanaban amor genuino que brotaba del corazón. La infancia de Amma estuvo llena de sencillez y de inocencia. Cuando los niños jugaban, todos cuidaban de ellos. La gente no pensaba, como podría hacer hoy en día, «estos son mis hijos y mi responsabilidad. Tus hijos son responsabilidad tuya». Por el contrario, a todos les daban de comer y los cuidaban todos los adultos de la aldea. Sus hermanos y todos los niños del pueblo corrían juntos, jugaban juntos, subían a los árboles de mango y nadaban en los canales. Cada día era como una fiesta, al haber tanta cercanía entre los miembros de la familia y los aldeanos.

No había mucha prosperidad material, pero la riqueza en amor era enorme. De niña, Amma solo recibía dos conjuntos de ropa cada año, uno en el festival de Ónam y el otro al inicio del año escolar. Solo tenía dos juegos de ropa que debían durarle todo el año.

Hace poco, Amma hablaba con un joven que estaba de pie a su lado durante el darshan. Le dio un *sátsang* (charla espiritual) sobre la pobreza. Insistió en que, a pesar de que vivía en la India, en realidad él no sabía nada de las dificultades de la mayoría de la gente, porque vivía de una manera muy lujosa. Después, Amma dijo que cuando Ella era joven no tenía juguetes; pero tenía amigos. Por el contrario, él tenía muchos juguetes, pero, ¿cuántos buenos amigos? En otra ocasión, Amma vio a unos niños jugando en la arena y comentó tristemente: «en la antigüedad los niños tenían una gran inocencia; ahora tienen casas de muñecas».

Amma rinde tributo a las madres que dan el *samskara* (cultura) del altruismo a sus hijos porque, al hacerlo, inculcan buenos valores a sus familias y comunidades. Y esos valores ayudan a sostener el futuro. Amma recibió este samskara en su casa, pero la generación actual está perdiendo a menudo esta preciosa cultura.

Capítulo 3

El amor cura todas las heridas

Al final, nada de lo que hagamos o digamos en esta vida importará tanto como la manera en la que nos hayamos amado los unos a otros.

Daphne Rose Kingman

En los primeros días, cuando me sentaba con Amma para hacerle preguntas, pensaba que lo que teníamos que aprender de ella eran cualidades como el desapasionamiento y la renuncia; pero Amma no dejaba de impulsarme a aspirar al Amor. Cuando llegué donde Amma, raramente pensaba en el amor. En aquella época pensaba que por fin ya estaba preparada para comenzar una «verdadera» vida espiritual y quería aspirar a algo más elevado; pero Amma me enseña continuamente que el poder del amor es la fuerza más grande del mundo entero. Con amor podemos hacer cualquier cosa. Al final, el amor curará todas las heridas de este mundo.

Todos los logros verdaderamente grandes solo se han alcanzado a partir de una base de amor, dedicación y una muy buena actitud. Si un niño está enfermo y hay que llevarlo al hospital, los padres pueden permanecer despiertos durante días enteros sentados con su hijo. El amor puede empujar al cuerpo más allá de todas sus limitaciones normales. El amor es lo que nos da la fuerza necesaria para superar las dificultades y obstáculos que puedan surgir en la vida. Si podemos cultivar el verdadero amor dentro de nosotros, descubriremos que cualquier cosa es posible.

Hay un niño en Suiza que tiene síndrome de Down. Cuando era muy pequeño, Amma era a la única a la que llamaba «mamá». Nunca se refirió a su propia madre biológica con ese nombre. Ahora es un poco mayor, puede andar y a menudo se sienta a meditar en el *pítham* (plataforma elevada en la que se sienta el guru) al lado de Amma. Cuando su padre aparece para llevárselo después de que haya comenzado el darshan, normalmente le pregunto al niño:

—¿Papá o Amma?

Siempre elige a Amma antes que a sus propios padres y va corriendo hacia la silla donde Ella da el darshan.

Al final del darshan, Amma a menudo se lo lleva un rato a su habitación. Aunque pesa muchísimo, Ella lo sube por las escaleras. Yo intento ayudar, solo para quitarle el peso a Amma, pero Amma siempre insiste:

—No pesa tanto. No tiene tanto peso.

Yo protesto y le replico:

—Amma, ¡pesa una barbaridad!

Amma no está de acuerdo, y dice:

—No, no pesa tanto.

Esa es la forma en que Amma lo siente, porque con amor todo se vuelve ligero.

Hace poco, una chica expresó su preocupación por tener un ego tan grande que casi no cabían juntos en la misma habitación. Estaba preocupada por no poder llegar nunca a conseguir el conocimiento de Dios con tantos defectos. Le dije esta sencilla verdad: por grande que parezca nuestro ego o por inmanejable que parezca nuestra mente, el amor de Amma es aún más grande y más poderoso. No hay que preocuparse. Amma se encargará de ello. Su amor impregnará y sanará todo lo que necesite sanarse.

Cuando observamos a Amma, vemos que el poder del amor cura toda clase de heridas, por profundas que sean. El amor es la medicina más poderosa del mundo. Es como un gota a gota constante que tenemos que recibir durante un largo período de tiempo. Aunque a veces puede parecer lento, estad seguros de que el poder del amor sin duda puede destruir el ego. Eso no significa que Amma vaya a curar siempre nuestro cuerpo o que nos vaya a dar exactamente lo que queramos; pero, si confiamos en su gracia, nuestro corazón se abrirá y encontraremos el amor que yace en su interior. El poder de un mahatma es mayor que el poder del ego.

Hay una historia de una devota a la que hace poco le diagnosticaron un cáncer. Para ella, la gracia y el Amor de Amma transformaron ese temible proceso de morir en una experiencia bella y liberadora, en una celebración de la vida. Le animé a escribir sobre sus sentimientos, ya que nos había inspirado a muchos que vivimos en Ámritapuri (el áshram de Amma en la India).

El que me diagnosticaran una enfermedad terminal me ha enseñado que las enseñanzas de Amma, su presencia y su amor continuo y paciente me han dado las herramientas necesarias para explorar nuevas dimensiones de la verdad una e inmutable. Dejé de preocuparme de vivir y empecé a estar más consciente en el presente. La noticia del diagnóstico llevó las enseñanzas de Amma a una práctica viva en mi corazón, en lugar de ser un ejercicio abstracto de pensamiento en la mente. Ahora tengo silencio y paz en el corazón. Por primera vez puedo sentir mi verdadero Ser. Cuando se enteró de lo que me pasaba, un amigo me dijo:

—Saber cuándo vas a morir es un gran regalo, una bendición.

Creo que indudablemente esa es la verdad. Gracias, Amma, por ayudarme a explorar mi verdadera naturaleza.

Llevaba varios años sintiendo como si tuviera un gran agujero de ira en el hígado, así que, cuando lo vi realmente en el escáner cerebral, no me sorprendió en absoluto. La primera semana estaba muy furiosa. Me decía a mí misma que vivir no era tan maravilloso, ya que había estado acosada por la depresión y la ira por razones que desconocía en varios momentos de mi vida. Pensaba que muchos años de experiencia como enfermera en un hospital para enfermos terminales le ayudarían a mi cerebro a aceptar lo que viniese.

Tras esa difícil primera semana, me rendí ante mi diagnóstico. Desde entonces no he tenido ningún sentimiento de furia, depresión o miedo. Esa fue la primera señal de gracia que noté, y estoy muy agradecida por ello. Otro devoto me recordó:

—La Gracia siempre está presente y siempre está fluyendo. Solo tienes que abrirte a ella.

Me he entregado profundamente en mi corazón y ahora acepto el amor infinito e incondicional de Amma y todo lo que conlleva. Este viaje me parece apasionante, emocionante y sumamente gozoso.

El Amor puede resolver todos los problemas del mundo. Eso puede que no suceda en un día. A veces lleva años. El amor de Amma no siempre es una cura milagrosa, aunque pueda serlo. La curación requiere un tremendo esfuerzo práctico por nuestra parte. Anular nuestras negatividades y buscar el amor en nuestra interior puede suponer un gran reto.

A menudo Amma cuenta la historia de un niño pequeño que vio un poco de vómito en el suelo y se apresuró a limpiarlo, mientras todos los demás se desentendían. Después, esa noche, la mente de Amma volvía a él una y otra vez. Era una acción muy pequeña. La gente está fregando durante horas todos los días; pero, ¿piensa Amma en ellos en su habitación? Quizás sí, quizás no. La actitud desinteresada de este niño es lo que hizo que Amma pensara en él una y otra vez.

Una vez lo intenté yo misma. Otra mujer y yo, estábamos en un programa cuando de repente una niña vomitó. Ambas nos apresuramos hacia el lugar. Dije:

—Voy a limpiarlo.

La otra mujer contestó:

—No, no, quiero limpiarlo yo.

Insistí:

—No, de verdad, quiero limpiarlo yo.

Así que discutimos sobre quien iba a ser la persona desinteresada que iba a tener la oportunidad de limpiarlo. Al final, lo limpiamos juntas y nos sentimos muy orgullosas de ello. Mientras lo limpiábamos, nos preguntamos dónde se habría metido la madre de la niña. ¡*Ella* era la que debería haber querido limpiarlo! Dudo que la gracia de Amma haya fluido mucho en ese momento, pero fue un episodio divertido.

A pesar de todos nuestros errores, Amma nos espera pacientemente, sabiendo que el amor puro es la respuesta para absolutamente todo. Ella sigue perdonando, amando y siendo un ejemplo perfecto para que todos lo sigamos, independientemente de lo que cualquiera pueda pensar o decir de Ella. Hasta cuando la gente ha intentado herirla, Amma siempre ha respondido perdonando y amando.

Amma sabe que en este mundo hay escasez de amor. El amor es para lo que hemos nacido, pero raramente llegamos a experimentarlo. Ella quiere ver a la gente saltando de gozo por el amor, y por eso da tanto de su vida y su energía para ayudarnos a experimentar el amor que estamos buscando.

No hay palabras para describir la cima de la existencia humana, el estado al que Amma nos está guiando. Allí es donde Ella habita, viviendo en la dicha, y aun así siempre está dispuesta a sacrificarse y bajar a nuestro nivel para elevarnos.

Capítulo 4

La mariposa de la compasión

La santidad no es solo para los santos. La santidad es la responsabilidad de cada uno de nosotros. Hemos sido creados para ser santos.

Madre Teresa

Eward Lorenz era un meteorólogo y matemático que durante muchos años intentó presentar su hipótesis científica a otros profesionales. Afirmaba que algo tan pequeño como el aleteo de una mariposa podría generar un huracán gigante en el otro extremo de la tierra.

Sus colegas desconfiaban de su sencilla teoría, pero, por fin, más de treinta años después, fue aceptada como una verdadera ley científica.

Ahora el mundo acepta su teoría. Se conoce comúnmente como «el efecto mariposa». Del

mismo modo, si transmitimos un poco de ama-
bilidad y compasión a nuestro alrededor, eso
podría crear reacciones tremendas en todo el
mundo que nunca hubiéramos creído posibles.

Una mañana, durante una gira por el Sur
de la India, en Trivándrum, una gran mariposa blanca y negra llegó al programa. Desde el
escenario observé cómo iba posándose en una
persona tras otra, solo unos segundos en cada
una. Se posó en la cabeza de un hombre, en el
borde de las gafas de otro. El hombre que llevaba
gafas pareció contener la respiración de expec-
tación y placer, preguntándose cuanto tiempo
se quedaría con él la mariposa. Estaba claro que
pensaba que la mariposa era una bendición que
le traería buena suerte. Cada persona sobre la que
se posaba la mariposa sentía la santificación de su
contacto. Todos los que miraban también se sen-
tían benditos por presenciar el acontecimiento.

La vida de una mariposa es breve, pero maravillosa. Con sus pequeños actos de belleza, lleva
alegría dondequiera que vaya. Si una diminuta
mariposa puede iluminar nuestra vida con un
pequeño aleteo, piensa cuanta más capacidad
tenemos nosotros de traer alegría al mundo. No

tenemos que realizar grandes hazañas para crear este «efecto mariposa». Cualquier buena acción que hagamos, por modesta que parezca, puede tener un enorme efecto acumulativo. Del mismo modo, los actos de bondad de Amma no tienen límites. Ella está más allá de nuestra comprensión y los efectos de onda expansiva que pone en movimiento viajan alrededor de todo el mundo.

El amor y el cuidado de Amma se extienden a todos nosotros en muchos niveles distintos. Ella se ocupa de cada pequeño detalle de una forma práctica, asegurándose de que las personas se sientan felices y cuidadas. Cuando llega al escenario al principio de un programa, siempre mira a su alrededor para comprobar que la muchedumbre esté tan cómoda como sea posible. Pide que se pongan sillas si la gente está de pie, y dice que se aparten los carteles si impiden la visión de alguien. A quienes necesitan tomar medicinas o tienen alguna necesidad especial los llevan con Ella mediante un sistema prioritario. Está siempre atendiendo las necesidades de todos los que se encuentran a su alrededor. Nunca antes ha existido una figura pública que pensase tanto en cuidar a los demás y que se acordara tan poco de sus propias necesidades.

El bello mensaje que Amma intenta enseñarnos sin palabras mediante su solicitud es que siempre debemos pensar en los demás antes que en nosotros mismos. El menor gesto de Amma puede producir un inmenso impacto si tenemos la visión necesaria para leer los mensajes sutiles que contienen todas sus acciones.

Amma nos recuerda que, si se prueba la miel en cualquier lugar del mundo, esta se mantiene fiel a su naturaleza intrínseca. Siempre está dulce. Igualmente, el fuego siempre está caliente. Del mismo modo, la paz y la compasión son cualidades universales que son iguales en cualquier lugar. Todo el mundo anhela experimentar su dulzura y su calor. Amma ha dicho que si no ponemos compasión en nuestras acciones, incluso la palabra «amor» permanecerá solo como una palabra en el diccionario. Sin compasión nunca experimentaremos la dulzura de ese sentimiento.

La misión y el mensaje de Amma son los de difundir la compasión. Ella sabe que eso es lo que el mundo realmente necesita y de lo que está hambriento para sanarse. Le gustaría que la compasión llegara a todas las personas, independientemente de su idioma, cultura, nacionalidad o religión. Sabe que para curar las heridas del pasado y avanzar hacia el futuro debemos abrir el corazón al amor.

Hay una historia sobre una mujer que perdió a su hijo de una manera trágica y que estaba absolutamente destrozada. Mucha gente trató de consolarla en el funeral del niño, aunque no sabían realmente qué decir. Un hombre corpulento se acercó en silencio a la inconsolable madre y, sin decir palabra, se limitó a darle la mano. Una de las lágrimas del hombre cayó en la mano de la mujer. Su silencioso sentimiento, ofrecido con sincera bondad y verdadera compasión, la reconfortó más que nada de lo que pudiera haber dicho o hecho cualquier otra persona.

Algunas veces, estando con Amma, me he encontrado con miembros de una familia de luto y he pensado que debía intentar consolarlos con unas palabras sabias sobre el ciclo del nacimiento y de la muerte. En lugar de dar esa clase de consejo, Amma simplemente los abraza con fuerza y dice: «Shh, está bien. No lloréis». A veces eso es lo único que ha sido capaz de decirles. Los sostiene y los consuela, y ellos lloran en su regazo mientras Ella llora con ellos. Nunca dice: «tenía que pasar»; o: «llegó su hora de marcharse». En esos momentos de inmenso dolor, Amma se limita a darles su compasión. Sostiene a los que lloran y enjuga sus lágrimas uniéndose a su tristeza.

Un año, mientras íbamos de gira por la India del Norte, hicimos una parada al borde de la carretera en una pequeña aldea rural. Algunas de las mujeres decidieron ir a dar un paseo. Cuando pasaban caminando junto a una casita, vieron a una bonita joven que parecía abatida. Como sabían un poco de hindi, se pusieron a hablar con ella.

La mujer contó su historia: la habían casado cuando tenía ocho años y se había quedado embarazada con trece. Su marido había muerto alcoholizado, de modo que ahora, con veintiséis años, estaba criando ella sola a su hijo de trece años. En su vida no había felicidad alguna, y la situación de las otras mujeres del pueblo era la misma. Casadas cuando aún eran pequeñas, eran desgraciadas y no tenían ninguna esperanza en la vida. Historias como esta no son infrecuentes, especialmente en países en desarrollo.

No solo lloran los pobres aldeanos que viven en chozas. Amma también ve a mucha gente adinerada que vive en ricas mansiones y llevan una vida vacía, y que sufren con la misma intensidad. Todo el mundo, en todas partes, llora por tener al menos un poco de felicidad en su vida. Con su compasión suprema, Amma ha dedicado su vida a aliviar ese sufrimiento por todo el mundo.

Capítulo 5

El amor de Dios en forma humana

Cada vez que recuerdas la verdad de quién eres, traes más luz al mundo.

Anónimo

Observar a Amma es ver la expresión del amor de Dios en una forma tangible. No se puede entender realmente el Poder Divino, pero las cualidades divinas se han manifestado en la vida de unas pocas grandes almas con Conocimiento de Dios a lo largo de la historia. Admiramos y adoramos a esos mahatmas porque personifican en sus vidas cualidades sagradas como el amor, la compasión, el desapego y el perdón.

Amma ha encontrado la fuente del amor divino y quiere compartir ese tesoro con nosotros. Su objetivo es el de guiarnos al estado de amor supremo. Podemos estudiar las escrituras y leer libros espirituales con el fin de aprender la verdad suprema, pero solo podemos verla puesta en acción observando a Amma.

Amma solo piensa en los demás y nunca en sí misma o en su propia comodidad. Ella elige vivir de esta manera, opuesta a las opciones que tendemos a elegir el resto de nosotros.

En las giras del Norte de la India, que suelen organizarse todos los años, viajamos, siempre por carretera, desde el Sur hasta las partes más septentrionales de la India. Es muy incómodo viajar por esas carreteras llenas de baches y todos vamos dando botes dentro del vehículo. De hecho, a la caravana en la que viajamos la llamamos en broma «la lavadora», porque mientras viajamos parece que estamos dando vueltas dentro de una lavadora con el programa de lavado intensivo. Si nunca has estado dentro de una lavadora, no sabes a qué se parece esa forma de agitarnos. Desde luego, no está en el programa de lavado suave.

La asistente de Amma siempre es muy atenta y, en cuanto alguien sube al vehículo, le pregunta: «¿quieres una pastilla para el mareo?» Se la ofrece a cualquiera que viaje con nosotros. La gente siempre se sube alegremente pensando que va a ser algo maravilloso, pero nunca se dan cuenta de lo que les espera.

Cuando entramos, a veces me pregunto: «¿Quién va a ser la víctima de hoy?»

A la gente a menudo le da envidia y piensa: «¡Viajar en una caravana debe de ser un gran lujo!» Pero la verdad es que estamos ahí sin poder salir dando botes en una lavadora. Las cosas nunca son lo que parecen. No hace falta tener envidia de nadie.

En la caravana hay dos camas disponibles para dormir, pero Amma nunca las usa. Siempre se asegura de que seamos nosotros los que las usemos. Ella insiste en tumbarse en el suelo con la ropa de cama más fina. Todo el resto del mobiliario se ha quitado y no hay ni una silla para que Amma se siente o se apoye, así que se queda en el suelo.

Incluso en su propia habitación del áshram, Amma siempre se adapta a los demás. Ella prefiere dormir en el suelo, pero como comparte su pequeño dormitorio con su asistente y tres perros, ya no queda espacio. Hace poco empezó a dormir en la cama solo por tener un poco más de espacio para estirarse. Por supuesto, en cuanto lo hizo, uno de los perros se empeñó en dormir también allí.

No es un perro pequeño, y le gusta estirarse, de modo que ocupa casi un tercio de la cama. Siempre que alguien intenta bajarlo, le gruñe y se niega a moverse. Para que cupiera y se quedara quieto, Amma empezó a dormir con los pies y las piernas colgando incómodamente por un lado de la cama. Al cabo de un tiempo, simplemente aceptó los deseos del perro y ahora duerme con los pies encima del can, con lo que él parece sentirse muy satisfecho.

Amma casi no tiene espacio para estirar las piernas ni en su propio cuarto. A pesar de todo esto, Ella acepta todas las circunstancias, asegurándose siempre de que se atienda a todos los demás.

A veces me preocupo por cuánto Se da. En alguna ocasión le he suplicado a Amma que dejara de viajar tanto dando programa tras programa durante meses y sin días de descanso entre ellos. Una vez pregunté si podíamos saltarnos la gira del Norte de la India, ya que es muy duro para su cuerpo. Ella respondió:

—¡No! Esa gente de las aldeas es muy pobre. No puede permitirse viajar hasta aquí abajo [Kérala].

Le propuse:

—Amma, podemos enviar autobuses a recogerlos y traerlos al áshram.

Ella no estuvo de acuerdo, diciendo que mi plan era demasiado caro. Era mejor que viajara Ella y que se utilizara el resto de los fondos para ayudar a los necesitados. Es imposible intentar convencer a Amma de que descanse más. Lo hemos intentado innumerables veces.

Hay devotos en diferentes países de todo el mundo que lloran todos los días porque no pueden estar en el áshram. Amma siempre piensa en ellos y nunca en su propia salud o comodidad. El anhelo y la tristeza de ellos Le lleva a Amma a viajar constantemente, aunque la vida sería mucho más fácil simplemente quedándonos en casa. Vivimos en un mundo en el que la mayoría de las personas solo piensa en hacer lo que es mejor para ellas, y siempre preguntan: «¿Y qué saco yo?» Amma vive de una manera totalmente diferente, teniendo siempre en cuenta ante todo a los demás.

Amma nos recuerda que nos centremos en lo que podemos dar en lugar de estar siempre pensando en lo que podemos recibir. ¿Por qué no hacer cosas buenas mientras podamos, mientras aún tengamos fuerzas? Cuando nuestras necesidades se hayan satisfecho, es importante ser considerado y devolverle al mundo lo que podamos. Nadie nos pide tanto. No se espera que sigamos los pasos de Amma completamente. En realidad, ningún ser humano corriente tiene esa capacidad; pero, si podemos olvidarnos de nosotros mismos solo un poco y encontrar un poco de tiempo para servir, ciertamente seremos más felices.

Siempre que Amma ha supervisado a los devotos trabajando en la construcción de casas para los pobres, les ha aconsejado que dedicaran su tiempo libre a visitar a los aldeanos en sus casas para escucharlos y comprender sus problemas. Ella conoce bien la angustia de los desfavorecidos, porque llevan décadas abriéndole el corazón y descargando sus problemas en Ella. Al contrario que Amma, muchos jóvenes que viven en el áshram y ayudan en el trabajo de servicio desinteresado no han entendido realmente los problemas que los necesitados tienen que padecer. Amma sabe que ayudar a la gente a ser consciente es el primer paso para solucionar los problemas.

Hay una gran cantidad de pobreza y sufrimiento en este mundo. Tenemos la responsabilidad de hacer lo que podamos para ayudar a los que sufren, y por eso Amma ha creado extensos proyectos de beneficencia por todo el mundo. Con ellos responde a los necesitados de todas partes. Nuestros problemas y nuestras penas son la fuerza que ha impulsado a Amma a dedicar su vida al servicio de los demás.

Debemos permitir que nuestro corazón se ablande en compasión por los demás cuando pensemos en ellos, en lugar de centrarnos siempre en lo que podemos adquirir y tomar para nosotros. Amma da un ejemplo precioso ofreciéndose al máximo en todo momento. Mediante su ejemplo, intenta inspirar al menos una gota de esa compasión en nosotros.

Capítulo 6

Fresca como una margarita

Que la belleza que amas sea lo que haces.

Rumi

Amma dice que el áshram de Ámritapuri es como un hospital. La gente viene con una deficiencia de vitamina A (Amor) y con la necesidad de recibir un cuidado intensivo. Amma es la médica suprema. Puede ver directamente a través de nosotros, en lo profundo de nuestra alma, atravesando todas las capas superficiales de nuestra existencia. La mayor parte de las personas solo ven el exterior, pero Amma profundiza más que nadie y puede llegar a vernos hasta el corazón. Tiene unas provisiones ilimitadas de vitamina A para repartir, que es justo lo que da a quien lo necesita. Somos muy afortunados cuando tenemos la oportunidad de estar en su compañía y observar cómo fluye esta corriente de amor y de empatía.

A veces pienso cuánto dolor tiene Amma en el cuerpo por dar el darshan durante tantísimas horas. En algunas ocasiones casi no puede flexionar el cuello o mover el cuerpo sin que le duela. En esos momentos me pregunto cómo va a ser capaz de abrazar ni a cinco personas. ¡Cuánto menos a un programa lleno de veinte mil personas!

Amma nunca piensa de esa manera. Sabe que tiene la capacidad de desapegarse de la conexión entre la mente y el cuerpo. Siempre es capaz de encontrar la fuerza necesaria para hacer cualquier cosa que haya que hacer para servir a los demás.

En una ocasión, yendo por carretera hacia un programa interestatal, Amma estaba padeciendo espantosos dolores. Le dolía cada pequeño movimiento que hacía, así que no podía imaginarme cómo se las iba a arreglar a lo largo de la noche con esa gran cantidad de gente que vendría para el darshan. Cuando Amma salió al escenario, quiso postrarse, como siempre hace al principio

de los programas, pero el intenso dolor de cuello le impedía hacer ese movimiento. Amma
no podía doblar el cuello en absoluto. Cuando
estaba a punto de volverlo a intentar, Le insistí:

—¡No, Amma! ¡No tienes por qué hacerlo!
Puedes poner solo las manos en *pranam* (saludo
respetuoso).

Me sentí un poco tonta diciéndole esto a Ella
delante de todo el mundo. ¡El discípulo diciéndole al guru lo que debía hacer! Seguramente todo
se grabara, cuando estoy sosteniendo a Amma
por el brazo e intentando impedirle que se postre.

Amma simplemente me ignoró y procedió
a postrarse como hace siempre. Nadie que la
viera hacerlo habría sospechado en absoluto que
tuviera algún dolor en el cuerpo. Solo estaba
cumpliendo su deber, olvidándose de Sí misma
y de su salud.

Cuando Amma tiene programas en Occidente, se queda hasta tarde por la noche, y yo sé
que su en cuerpo debe haber un intenso dolor.
Cuando hay dos programas al día, el darshan
puede comenzar a las diez de la mañana y durar
hasta las cuatro de la tarde, o a veces más tarde,
dependiendo de la cantidad de personas. Para

entonces la cabeza de Amma está a veces dando vueltas por la falta de comida y de agua. La gente que la mira nunca será capaz de notarlo, porque Amma no quiere entristecer a nadie mostrándole cómo se siente en realidad su cuerpo.

El programa de la tarde comienza dos horas más tarde y dura hasta altas horas de la noche. A menudo Amma da darshan hasta las cuatro o las cinco de la madrugada. Sigue sentada hasta que todas y cada una de las personas que quieren acercarse a Ella han recibido su abrazo. Después tiene un breve descanso a primera hora de la mañana antes de comenzar de nuevo el darshan a las diez. Alrededor de Amma el día se convierte en noche, y la noche en día, porque los programas se juntan unos con otros. Ella nunca piensa en el esfuerzo que está haciendo constantemente por todos, solo en las dificultades que la gente experimenta por tener que esperar durante tanto tiempo para verla.

Cuando la gente de los pueblos viene al áshram de la India y la multitud no es muy grande, a menudo Amma da darshans larguísimos. Una vez, cuando Amma volvía a su habitación después de haber terminado un largo día, reconoció que le dolía el cuerpo. Cuando le pregunté por qué había dado esos darshans tan largos a todos, Amma respondió que las tarifas de autobús habían subido mucho. Ella sabe cuánto se sacrifica la gente pobre para ir a verla. Algunos aldeanos tienen tan poco que incluso tienen que pedir prestada ropa en buen estado a sus vecinos para ir al áshram. Amma dijo:

—Tengo que darles algo. Tengo que hablar con ellos porque entienden la misma lengua y han hecho muchos sacrificios para venir aquí.

Aunque Amma tenga un problema de estómago o sienta nauseas, nunca ha cancelado un solo programa en ningún lugar del mundo por ese motivo. Si está enferma, se va a un reservado, hace lo que tenga que hacer, se lava la boca y vuelve a dar darshan otra vez. Nadie se da cuenta siquiera de que está sufriendo. Hubo una época en que los músculos abdominales de Amma estaban contraídos de una forma tan dolorosa por haber estado sentada sin moverse durante tanto tiempo, que necesitaba llevar una faja de apoyo; pero, ¿qué fue lo que hizo? Inmediatamente le dio la faja a un pobre hombre que acudió al darshan y necesitaba una.

A última hora de la noche, o más bien durante toda la noche y hasta primera hora de la mañana siguiente, se puede notar que a veces Amma entra en otro nivel de conciencia. Eleva su mente alejándola del estado de agotamiento de su cuerpo, riéndose y yendo mucho más despacio, abrazando cada vez más tiempo a cada persona. Al final de un programa nunca se apresura, nunca trata de terminar rápido para poder irse a descansar, como haríamos nosotros si estuviésemos en su misma situación.

Después de que un día Amma estuviera sentada catorce horas en una gira del Sur de la India, yo estaba esperando que tuviese un dolor tremendo en el cuerpo al final de la noche. Cuando volvió a la habitación, en lugar de descansar o comer estuvo reunida con gente durante otra hora y media. Le ofrecieron agua de coco, que aceptó pero sin intención de beberla. Sostuvo el gran vaso lleno al menos durante veinte minutos, hasta que al final se lo quité, dándome cuenta tarde de que debía de ser bastante pesado para sostenerlo. Ella había aceptado el vaso simplemente porque es lo que hace siempre. Lo acepta todo y nunca quiere rechazar nada o a nadie.

Solo me podía imaginar lo cansado que debía estar su cuerpo y el dolor que debía de tener por haber estado sentada todo el día y toda la noche sin moverse. Pensaba que, después de haber estado dando darshan durante tantas horas, estaría cansada y tendría un fuerte dolor de músculos, especialmente en los brazos. Por el contrario, para mi sorpresa, agitaba los brazos con entusiasmo mientras hablaba. El resto de nosotros ya habíamos empezado a marchitarnos, pero Amma estaba fresca como una margarita. Esa es la forma en la que fluye la vida de Amma. El amor La sostiene y Le permite hacer cosas imposibles.

Si el cuerpo de Amma fuese una estatua, se habría oxidado y convertido en polvo hace ya mucho tiempo. ¿Cuánta gente apoya las manos en las piernas de Amma, le pisa los pies, le agarra del cuello o le grita al oído? Pero, por la gracia de lo Divino, Amma dice que es capaz de seguir dando darshan. Amma experimenta dolor en su cuerpo para que el nuestro pueda disminuir. Así es el inconmensurable amor que una *satguru* (verdadera maestra) tiene por el mundo. Este es el principio en el que creen los cristianos cuando dicen que Jesús sufrió por nuestros pecados.

Una vez, un devoto le preguntó a Amma si su cuerpo sufría de verdad o no. Ellos pensaban que seguro que sí, con todo lo que Amma tiene que pasar; pero esta persona estaba confusa porque Amma siempre parece muy feliz. Amma contestó:

—En el nivel humano el cuerpo sufre, pero en mi nivel, nunca. No te preocupes querido mío.

Cuando se da un regalo no hay que volver a tomarlo. Ella insiste: «Me he dado como ofrenda al mundo. No voy a volver a llevarme nada por pensar en mí misma». Amma nos muestra el camino. Nos enseña a sacrificarnos por los demás mediante el ejemplo que da en su propia vida. Siempre se esfuerza intensamente por dar lo máximo en todo lo que hace. Cuando tenemos amor en el corazón, el esfuerzo por hacer algo bueno se convierte en algo muy fácil y fortalecedor. Recemos para que seamos capaces de absorber algo bueno de Ella, por pequeño que pueda ser, para devolvérselo a la sociedad.

Capítulo 7

*La sádhana
más elevada*

*Desde el momento de nuestro nacimiento,
estamos bajo el cuidado y la bondad de
nuestros padres, y más adelante en nuestra
vida, cuando la enfermedad nos oprime y
nos hacemos viejos, volvemos a depender de
la bondad de los demás. Como al principio
y al final de la vida dependemos tanto de la
bondad de los demás, ¿cómo es posible que
en medio no seamos bondadosos con ellos?*

Tenzin Gyatso, 14º Dalai Lama

Amar y servir a los demás es la *sádhana* (práctica espiritual) más elevada que podemos realizar nunca; pero, ¿cuantos de nosotros estamos realmente dispuestos a amar a todo el mundo y a servir todo el tiempo como hace Amma? Si fuésemos realmente capaces de amar y servir incondicionalmente, no necesitaríamos hacer nada más para alcanzar las alturas espirituales; pero eso significa amar *a todos*, no solo a las pocas personas con las que nos podamos sentir a gusto o por las que nos sintamos atraídos.

Significa amar a la persona que se cuela delante de ti en la cola de la comida o a alguien que medio se sienta en tu regazo en la sala de *bhajans* (cantos devocionales) cuando ya te parece que no tienes suficiente espacio, a quien casi te tira o se pone de pie delante de ti justo cuando viene Amma. Si puedes quererlos en ese momento, no tienes que hacer muchas otras formas de sádhana.

Es sumamente difícil ver lo mejor en todos en todo momento. Esa es la actitud más elevada que podemos tener, pero es muy difícil conseguirla. Para empezar a movernos en esa dirección, hay que entrenar la mente para que se concentre en hacer cosas buenas. La meditación, la puja, el canto devocional, el mantra japa, la oración por el bien del mundo y el *karma yoga* (acción desinteresada) son diferentes maneras de adquirir concentración, compasión y empatía.

Actualmente, hay toda clase de estudios e investigaciones diferentes en el área de la neurociencia que prueban que las buenas acciones o incluso solo unas buenas intenciones ejercen un efecto sumamente beneficioso sobre nuestra salud y bienestar. Las pruebas han demostrado que la mente se puede volver a entrenar para aprender valores positivos, aunque no se hayan aprendido en la infancia. Cuando empezamos a practicar los valores positivos, empezamos a experimentar profundos sentimientos de alegría y bienestar. Se crea un ciclo en el que, cuanto más queremos hacer el bien por los demás, más felices nos sentimos y, cuanto más felices somos, más deseamos llevar a cabo buenas acciones.

La impresión que Amma ejerce sobre los niños es especialmente hermosa porque a los niños les influye profundamente el ambiente que los rodea. Un bonito ejemplo sucedió con algunos de los niños que suelen estar alrededor de Amma. Se preguntaron unos a otros cuántos helados necesitaban comer cada semana y llegaron a la conclusión de realmente con dos les bastaba. El dinero que habían ahorrado absteniéndose de helados lo dedicaron con alegría a comprar en su lugar algo para los niños desfavorecidos. Basta con estar alrededor de Amma para sentirnos inspirados a dar, que es el verdadero objetivo de todas las prácticas espirituales.

A veces los niños del áshram se me acercan y me dicen: «¡mira cuántos mantras he hecho!» Hace poco, un niño hizo justo eso. Me dijo:

—¡Mira!

A la vez me acercaba a la nariz su contador digital de mantras. El número que aparecía era 8.888. Me quedé muy impresionada, y le pregunté:

—¿Has dicho tu mantra con cada número?

—¡Sí! —respondió inocentemente el pequeño de seis años.

La devoción que los niños aprenden de Amma es algo maravilloso y muy importante en el mundo actual. La devoción produce el deseo de amar y servir a la sociedad y a la Madre Naturaleza desde una edad joven e impresionable. Hay que alimentar esa actitud de servicio para que las futuras generaciones sobrevivan.

Algunas personas pueden pensar que no tienen tiempo para trabajar para los demás porque su jornada está llena con el trabajo y la familia. ¿Cómo van a poder meter a presión el servicio si no les queda tiempo libre? Amma pone el ejemplo de que, si tienes tres hijos, simplemente piensa que tu cuarto hijo es hacer algo para servir a los demás desinteresadamente. Serías capaz de cuidar de todos tus hijos independientemente de cuántos fuesen. Del mismo modo, también debemos encontrar un poco de tiempo en nuestra apretada agenda para hacer servicio desinteresado.

Podemos pensar que nuestra seva realmente no importa, que no es tan importante o que hay otras personas que pueden hacerlo; pero en realidad es nuestra herramienta más valiosa. La seva nos permitirá dejar de pensar solo en nosotros mismos y en lo que queremos. Esas acciones, cuando van unidas a una actitud correcta y a la gracia de Amma, nos puede llevar a la meta final.

Un hombre me dijo una vez indignadamente lo poco feliz que estaba con su seva:

—Llegué al áshram de Amma para avanzar espiritualmente por el bien de la humanidad, y se me está pidiendo que haga tareas sin importancia como lavar los platos y reciclar. Soy un profesional, y soy muy creativo. Me siento ofendido de que se me pida que limite mi horario de sádhana para hacer tareas que sencillamente no me gustan.

Le dije que si era tan profesional con lo que hacía allí fuera en el mundo, tal vez el plan divino para él fuera que aprendiera un poco de humildad haciendo esas otras tareas. Todo lo que nos pasa en la vida nos viene justo como lo necesitamos. No hay ningún error en la manera en la que se nos presenta el ciclo de la vida, aunque sea bajo la forma de la mesa de seva persiguiéndote, pidiéndote que sirvas cuando preferirías estar haciendo otras clases de sádhana (u otras cosas mucho más divertidas).

Cuando nos sentamos a meditar, hasta los pensamientos que aparecen en la mente son formas de acción. Cuando estamos meditando, seguimos realizando una acción. ¿Por qué no tratamos de hacer también algo de servicio desinteresado, que nos traerá la bendición de la gracia?

Cuando surja la necesidad, podemos tratar de adaptar nuestra actitud para estar dispuestos y satisfechos haciendo cualquier cosa para ayudar a los demás. Amma no necesita gente sentada a su lado pasándole la toalla, como hago yo. Ese trabajo ya está ocupado; pero otras muchas clases de servicios que hacen falta. Si no se realizan, a menudo Amma será la primera que acuda para hacer lo que sea necesario. Ella está siempre trabajando duro, dándose desinteresadamente y tratando de inspirarnos para que hagamos lo mismo.

Una noche, después de los bhajans, Amma me decía todo el dolor que estaba experimentando. Decía una y otra vez que no se estaba sintiendo bien en absoluto. Me sentía muy triste por Ella, pero no había nada que pudiera hacer para ayudarla, así que, después de nuestra conversación, bajé a mi habitación para hacer seva. De repente oí a todo el mundo corriendo y diciendo en voz alta: «¡Seva del ladrillo!»

Yo pensé: «Bueno, Amma seguro que no va. No se encuentra bien». Lo siguiente que supe fue que Amma estaba fuera, llevando ladrillos (¡de hecho más ladrillos que nadie!) alegremente. A veces Ella es como una niña a la que se puede distraer o reorientar fácilmente hacia su actividad favorita: el servicio.

En Canadá hay un niño de cuatro años al que le encanta hacer seva. Un día llevaba puesto su delantal de persona mayor (que arrastraba sobre el suelo) cuando Amma pasó por allí. Él le ofreció sus pranams y Amma se volvió hacia él diciendo: «¡Seva, seva, seva!» Estaba tan contenta de ver que había estado haciendo seva (y estaba tan mono con su enorme delantal), que le dio un beso.

Amma habla a menudo de los niños a los que les encanta servir. Ella se siente orgullosa y siempre muy contenta cuando los ve trabajar intensamente con la actitud correcta, haciendo algo práctico para ayudar a los demás. La seva también les permite a los niños aprender destrezas para el futuro mientras cultivan el amor y la compasión en el corazón. Cuando nos sintamos gozosos haciendo cosas buenas, encontraremos verdaderamente la felicidad en nuestro interior. La seva es uno de los mayores regalos.

La espiritualidad es pura practicidad. Cuando Amma percibe una necesidad en algún lugar, siempre está dispuesta a satisfacerla. De eso es de lo que realmente se trata: ver lo que hace falta y zambullirse para ayudar con un corazón amoroso. Somos muy afortunados cuando tenemos la ocasión de servir; pero depende de nosotros el que lo veamos como una bendición. Si te descubres pensando «no quiero hacer eso», de alguna manera tienes que convencer a la mente de que cambie de actitud. Si puedes hacerlo, serás capaz de disfrutar absolutamente de todo. Nadie puede obligarte a disfrutar sirviendo a los demás; te tiene que nacer de dentro del corazón.

Innumerables buscadores han leído libros sobre espiritualidad y sobre distintas escuelas de filosofía; pero, ¿cuántos están dispuestos a hacer lo que hay que hacer? ¿Cuántas personas están realmente preparadas para las formas más extremas de humildad y servicio? Lo cierto es que no hay muchas. Pero, ¿qué puede haber más grande que esto?

Estés donde estés en el mundo, si tienes la actitud inocente de dedicar todo lo que haces a lo Divino y de servir del modo que puedas, sin duda la gracia fluirá hacia ti. El magnífico vehículo del servicio es una de las mayores alegrías que he encontrado en mi vida. El amor es el sentido de la vida, y el servicio desinteresado es el bello canal por el que fluye el amor.

Capítulo 8

El secreto
de la felicidad

Mientras ayudas a los que lo necesitan,
el egoísmo se desvanece y, sin tan siquiera
darte cuenta, encuentras tu realización.

Amma

Cuando damos, siempre nos sentimos extraordinariamente bien con nosotros mismos. Los voluntarios de las organizaciones benéficas y los donantes de cualquier clase de asociación filantrópica conocen las alegrías de una actitud abierta. Se dice que el dinero no puede comprar la felicidad, pero es un hecho comprobado que, si te esfuerzas por dar generosamente, puedes agarrar realmente esa resbaladiza felicidad que todo el mundo está buscando. Cuando somos capaces de olvidar nuestros propios deseos y tender la mano para ayudar a los demás, se produce un alto grado de satisfacción vital. En resumen: cuanto más se da, más feliz se es.

Una joven estaba en una gran reunión familiar, diciéndoles a todos que tenía el corazón más hermoso. Todos se reunieron a su alrededor para admirar su perfecto, redondo, suave y brillante corazón. Estaba muy orgullosa presumiendo de él.

De repente la voz fuerte y áspera de una anciana gritó que su corazón era mucho más hermoso. Todos los invitados se rieron cuando vieron el corazón de la anciana. Estaba maltrecho, lleno de remiendos y heridas abiertas. Algunas partes faltaban y en otros lugares había trozos encajados de tamaño irregular. La joven se rió y dijo:

—¿Cómo puedes comparar tu corazón viejo, deformado y roto con el mío, que es perfecto?

La mujer respondió:

—Estoy de acuerdo en que tu corazón es perfecto, pero no es hermoso. Cada cicatriz que ves en mi corazón representa a alguien a quien he dado mi corazón. A veces me dieron un trozo del suyo, pero no siempre. Por eso hay tantos lugares donde las piezas no encajan bien; pero los tengo en gran estima, porque me recuerdan el amor y los bonitos recuerdos que compartimos. Estas heridas abiertas son dolorosas porque algunas personas nunca me devolvieron su corazón, pero yo espero, con la esperanza de que algún día entenderán el valor de dar amor.

La joven se puso a llorar y caminó hacia la anciana. Cortó un trozo de su perfecto corazón y llenó un hueco del corazón de la vieja señora. Miró hacia abajo para ver su corazón, que ya no estaba tan «perfecto», pero sí mucho más «bonito».

De vez en cuando nos encontramos con espíritus heroicos que nos inspiran profundamente. La profesora de una clase de chicos de catorce años de edad se emocionó por la difícil situación de uno de sus alumnos, un niño que se iba a morir porque necesitaba un trasplante de riñón. Esa mujer le dijo a la familia del chico que le daría uno de sus riñones si se demostraba que era compatible. Lo era, y lo hizo.

Durante Navidad, en Filadelfia, hace unos años, una pareja entró en un restaurante, disfrutó de su desayuno y después hizo algo muy infrecuente. Pagaron el doble de lo necesario para su propia comida e insistieron en pagar la cuenta de los clientes de la mesa de al lado, aunque fueran completamente desconocidos. No querían ningún elogio o reconocimiento, por lo que no dieron sus nombres. Solo querían hacer algo bonito. Solo le dijeron a la camarera que deseara a esas personas «feliz Navidad».

La buena acción no terminó ahí. Los clientes que recibieron ese gesto amable se sintieron inspirados para seguir pagando. Pagaron la comida de otros y también dejaron propinas para todas las camareras. Cada persona invitada se sorprendía al recibir una comida gratis e insistía en seguir pasando la bendición. Eso siguió en marcha recorriendo el restaurante durante horas como un efecto dominó.

Las camareras que trabajaban en el restaurante ese día nunca habían visto nada parecido en todos los años que llevaban trabajado allí. Sus ojos se llenaron de lágrimas al contemplar la maravillosa reacción de generosidad en cadena de la que fueron testigos durante las siguientes cinco horas. Como una onda en un estanque que se aleja más y más, así es el efecto dominó que podemos provocar cuando damos ejemplo de altruismo y hacemos algo bondadoso por los demás.

La soledad se produce cuando pensamos solo en nosotros mismos. Si estamos apegados demasiado firmemente a lo que queremos, siempre nos sentiremos vacíos, aunque tengamos los bolsillos llenos. Una casa llena de innumerables tesoros no puede satisfacer el corazón. Nuestras posesiones podrá aumentar, nuestra cuenta bancaria podrá estar rebosante, pero, cuando seguimos ciegamente nuestros deseos egoístas, la mente solo se llena de más deseos. Podemos obtener cualquier cosa que queramos del mundo, pero si solo obedecemos a nuestro egoísmo, la felicidad se nos escapará. Siempre sentiremos que nos falta algo. Mientras no aprendamos a dar, nuestros deseos nunca desaparecerán.

A menudo la gente se pregunta: «¿Qué voy a conseguir en esta vida?» Pero esa no es la actitud que Amma nos anima a tener. Por el contrario, Ella nos inspira para que creemos algo magnífico descubriendo nuestros talentos y utilizándolos para servir. Ayudar a los demás causa la mayor de las alegrías y cumple el significado y el objetivo de nuestra vida. La vida es para eso.

Los deseos nos alejan de la verdadera felicidad. Satisfacer nuestros deseos no hace que desaparezcan. Al contrario: se multiplican y ciertamente volverán otra vez. Veamos un ejemplo: la obsesión de muchas personas con la última tecnología. Conseguimos un teléfono nuevo y actualizado y estamos contentísimos con él; pero seis meses más tarde sale el siguiente modelo. Es más fino, más ligero, tiene más píxeles, más aplicaciones, más juegos... y queremos ese en lugar del otro. Pensamos: «este viejo teléfono ya no me da la alegría que me daba cuando lo compré. Sé que seré más feliz con uno nuevo». El problema es que no podemos satisfacer plenamente la mente, y los pensamientos y deseos que surgen nunca se paran.

Si podemos simplificar nuestros deseos, seremos felices aunque tengamos menos. Es bueno rezar pidiendo ayuda para superar los deseos. Es difícil lograrlo porque la mente siempre se está moviendo; pero por eso es por lo que recitamos nuestro mantra y llevamos una vida equilibrada con la meditación y las demás prácticas espirituales. Cuando practiquemos con firmeza una disciplina espiritual, nuestros deseos se reducirán y hallaremos la paz.

Hay muchas personas en el mundo que solo toman cosas, pero es mucho mejor dar; solo entonces encontraremos el verdadero gozo. La gracia viene cuando realizamos buenas acciones con una actitud desinteresada. Si tratamos de hacer algo bueno con actitud desinteresada, experimentamos la gracia divina en cualquier lugar del mundo en que nos encontremos.

Olvídate de ti mismo en el servicio desinteresado. Cuando no nos centremos en nuestra propia emancipación sino que nos dediquemos a servir a los demás, la gracia divina vendrá y nos llevará como un río. Recibiremos la recompensa de la purificación, que nos cambiará la vida, y al final la gracia nos llevará hasta la meta.

Capítulo 9

Quiere a Amma en todos los seres

Dios más la mente es igual al hombre. El hombre menos la mente es igual a Dios.

Anónimo

Cuando las personas se casan, se dicen mutuamente: «Te quiero, te quiero. Prometo estar contigo hasta que la muerte nos separe». Después, cuando las cosas se ponen difíciles, se olvidan de sus promesas. Así de profundo es nuestro amor actualmente. Sin embargo, cuando el amor se convierta en la base firmemente arraigada de nuestra vida, producirá flores deliciosamente perfumadas. Seremos como jazmines florecidos que ofrecen una exquisita fragancia al mundo. Todos a los que nos encontremos podrán disfrutar de la belleza de esta flor del amor.

Allá donde vamos, todo el mundo intenta tocarle la mano a Amma mientras dicen: «Te quiero, te quiero, te quiero, Amma». Si realmente quieres a Amma, no lo digas solamente, pon en práctica ese amor. «Amar» debe ser un verbo, no solo una palabra que usamos en exceso sin pensar. Cuando pongas en acción tu amor, encontrarás en ello una experiencia duradera y un poder transformador. Sin acción, el «amor» es como una fruta de cera con un aspecto bonito pero que no nos puede nutrir; es solo la cáscara vacía y decorativa de una palabra.

Cuando hagamos algo con amor, seremos llevados más y más arriba, alejándonos del sufrimiento hacia un lugar más tranquilo donde se despliega la gracia. En lugar de estar mirando y ver solamente una dimensión de Amma, se revelará su verdadera esencia y se desvelará la grandiosidad del amor.

Un devoto cuenta una historia:

Una vez que fui al darshan sentía en el corazón un inmenso anhelo de estar cerca de Amma. Le pregunté en una nota: «Amma, ¿cómo puedo estar más cerca de Ti?» Amma me miró profundamente

a los ojos. Se me quedó mirando y me
sostuvo en sus manos durante un largo
rato. Cuando me senté después de recibir el darshan, cerré los ojos y solo veía
a Amma por todas partes. Vi a Amma
en una madre que amaba a su hijo, en la
persona que ayudaba a un mendigo, en
amigos dándose amor y apoyo en épocas
de necesidad. Amma está en todos los
lugares en los que hay amor. No quería
abrir los ojos porque tenía miedo de que,
si lo hacía, su forma me distraería. Com-
prendí que Ella es mucho más grande
que su cuerpo. La experiencia pareció
durar eternamente. Ella me mostró
dónde había estado en cada uno de mis
momentos más oscuros, revelándome que
me había estado apoyando y sosteniendo
a lo largo de toda mi vida. Se me mostró
que Amma es el amor que está en todas
partes y en todas las cosas. Ahora sé que,
en cualquier momento que experimente
el amor de alguien, es Amma queriéndo-
me. Amma es el amor en su forma más
pura. Si quiero sentir a Amma, lo único

que tengo que hacer es convertirme también en ese amor. Quiero convertirme en un acto de amor.

Amma no necesita nada de nosotros, pero se pondría muy contenta si realmente pudiésemos practicar sus enseñanzas. Siempre queremos hacerla feliz; pero, ¿cómo podemos hacerlo? Tenemos que hacer algo importante: tenemos que querer a otras personas igual que queremos a Amma.

Es muy fácil querer a Amma. No cuesta nada, porque Ella es irresistible. Para los devotos Amma es el ser más hermoso de esta tierra, el más encantador, el más divertido, el más dispuesto a servir en todos los terrenos. Amma siempre gana el primer premio. No me extraña que la gente diga que la quiere tanto, porque Amma es absolutamente fabulosa. Cualquier persona con un poco de sentido común puede reconocer su grandeza. En lugar de solo amar la forma de Amma, debemos intentar llevar nuestro amor a la práctica de ver y amar a todos como a Amma. ¡Eso sí que sería algo fabuloso (y mucho más difícil)!

En la Biblia, Jesús dice: «Amaos los unos a los otros como yo os he amado». La esencia de todas las religiones dice exactamente lo mismo: Dios es Amor. Nuestro deber es esforzarnos por convertirnos también en amor. Amma quiere que nos queramos los unos a los otros como Ella nos quiere.

La forma práctica en que Amma se mueve por el mundo es el mejor ejemplo vivo para nosotros. En todo lo que tiene que afrontar, en todos los importantes problemas que se presentan al servir a millones de personas, es capaz de querer a todos. Eso es así porque se ve en todos nosotros y conoce la verdad: que este mundo es simplemente una manifestación divina. Ve a todos como su propio reflejo en el espejo. Mientras nosotros podemos creer que eso es cierto y entenderlo intelectualmente, Amma literalmente *vive* esa experiencia.

Ella a menudo nos recuerda: «según la filosofía india, no hay diferencia entre la creación y el creador. Son lo mismo, igual que no hay diferencia entre el oro y los adornos hechos de oro». Amma afirma que el vedanta es la Verdad Suprema: todo es Dios. Esa es la comprensión más elevada. Pero es principalmente mediante la bhakti (devoción) como podemos llegar a ser mejores personas adquiriendo cualidades como la compasión y el deseo de servir a los necesitados. Cuando amemos verdaderamente a Dios, tendremos compasión por todo el mundo. Las vibraciones que se crean por medio de las acciones desinteresadas procedentes del amor bendicen el entorno y a todos los que nos rodean. Eso explica por qué alrededor de los grandes maestros espirituales hay una vibración tangible que podemos sentir si somos lo suficientemente perceptivos.

Hace unos años, un reportero tenía curiosidad por saber lo que Amma hacía en su tiempo libre, así que le preguntó:

—¿Qué haces cuando estás sola?

Todos se rieron, porque ya conocían la respuesta: ¡Amma nunca está sola! Siempre está rodeada de gente, incluso en su habitación. Hay interminables reuniones en relación con los proyectos, alguna visita, o por lo menos su asistente siempre está con Ella. Amma no tiene vida privada. Ella nunca está sola.

Ante nuestra sorpresa, Amma respondió clara y sencillamente:

—Yo siempre estoy sola.

—¡No me lo creo! —replicó él— Quiero decir, ¿qué haces cuando todas estas personas no están a tu alrededor?

—Siempre estoy sola —repitió ella—. Tanto si hay mucha gente como si no hay nadie, estoy sola. Veo a todos como extensiones de mí misma. Todo es una única conciencia.

Él seguía sin entender, así que le ofreció algunas alternativas:

—Cuando estás sola, ¿lees libros o navegas por internet?

Hubo más risas de los que conocen bien a Amma. ¿Amma en la web? ¿Te imaginas? Por supuesto que no.

Ella respondió tranquilamente:

—El internet exterior es una manifestación del internet interior. Yo tengo dentro el Internet Supremo, así que navego por él.

Amma lo ve todo como una manifestación de Dios, de su Ser Supremo. No hay nada separado de Ella.

Debemos intentar ver el mundo como lo hace Amma. En los primeros días nunca fui mucho al darshan, pero cuando observaba a otras personas recibir el darshan a menudo me imaginaba a mí misma como la que estaba en los brazos de Amma y me sentía feliz. Si podemos superar la envidia y *sentir* que somos esa otra persona que está recibiendo amor de Amma, y nos alegrarnos por ella, nuestra vida se enriquecerá profundamente. Debemos compartir ese sentimiento de que todos estamos conectados de algún modo. En realidad, *somos* todos los demás.

Amma comparte su vida, su sabiduría y su compasión infinita con quienes quieran participar de ellas. Ella se funde totalmente con nosotros cuando nos toca, se ríe con nosotros o nos canta. Ve a todos como una extensión de su propio Ser. Amma no es un ser humano corriente, sino una encarnación del amor en su más alto grado.

Capítulo 10

El desapego es amor disfrazado

El mundo entero y las cosas que hay en él son para que las usemos, no para que las poseamos. Hemos olvidado cómo hay que usar el mundo y en vez de ello esperamos que nos dé la felicidad.

Amma

La alegría pura nace de dar desinteresadamente, y la paz mental viene de servir a los demás sin esperar recompensa. Lo ideal es avanzar por la vida amando a todos pero manteniéndonos un poco desapegados. Si tratamos de encontrar la felicidad en el mundo exterior, donde a menudo tendemos a buscarla, nos decepcionará y en su lugar solo hallaremos frustración y tristeza. Una felicidad duradera solo puede lograrse por medio de la compasión y el desapego.

La mayor parte de las personas entienden mal el verdadero significado del desapego. No significa rechazar objetos o abstenerse de usarlos. No significa negar el amor y la cercanía en las relaciones (y ciertamente no significa abstenerse del chocolate). El verdadero desapego es una profunda y plena sensación de compasión. Es la base del auténtico amor. Es el altruismo, y supone comprender plenamente la naturaleza fundamental de los objetos o las relaciones. El desapego significa comprender que las personas y los objetos no pueden darnos una felicidad duradera.

Cuando estamos apegados a algo o a alguien, esperamos alcanzar la felicidad por medio de esa persona u objeto. Este malentendido provoca expectativas y deseos. Al final, todo apego nos lleva hacia alguna clase de dolor (sobre todo si comemos demasiado chocolate). Cuando queremos algo de alguien, estamos experimentando apego, no amor. Lo que a menudo llamamos «amor» en realidad es una forma de regateo: «Si me das lo que quiero, yo te daré lo que tú quieres». El verdadero desapego nos permite amar incondicionalmente y servir sin desear nada a cambio. Amar de verdad a los demás es algo realmente difícil.

Cuando los residentes del áshram fueron a construir casas para los pobres, en particular después del tsunami del Océano Índico de 2006, a menudo padecieron problemas como insultos y acoso por parte de algunas de las personas a las que estaban tratando de ayudar. Cuando volvieron al áshram para contarle a Amma sus problemas, se quejaban, diciéndole:

—Amma, ¿por qué tenemos que ayudar a esas personas? No levantan ni un dedo para ayudar ni con la tarea más pequeña. No valoran en absoluto nuestro trabajo.

Amma les explicó que esas personas solo estaban mostrando su naturaleza. En respuesta, los residentes del áshram, como son buscadores espirituales, debían mostrar también su naturaleza. Debían dar ejemplo de los buenos valores que Amma les enseñaba.

Hay un cuento tradicional sobre un hombre que trata de salvar de ahogarse a un escorpión. Cada vez que mete la mano en el agua para salvarlo, le pica. Alguien le pregunta por qué sigue intentando salvar a la criatura que repetidamente le está hiriendo. Él responde que la naturaleza del escorpión es la de picar, pero que su naturaleza es seguir intentando ayudarlo sin importarle lo demás. Sabe que ayudar a los demás es el camino que lleva al cielo.

Si esperamos agradecimiento por todas las cosas buenas que hacemos, constantemente nos sentiremos decepcionados. En lugar de eso, debemos hallar satisfacción en el simple hecho de hacer lo que está bien. Con entusiasmo y con la actitud correcta, cualquier acción que realicemos puede ser una hermosa experiencia. Aunque nadie llegue nunca a verlo o a saberlo, disfrutaremos del placer de hacer algo bueno.

Aferrarse a la gente y querer gustarle es una forma de apego que al final provocará desengaño. Amma nos muestra en su propia vida a tener compasión por todos, hasta por los que son crueles con nosotros. Ella solo ofrece amor y perdón, incluso a aquellos que han mentido públicamente sobre ella o han intentado matarla. Nos enseña a amar a todos, independientemente de lo que sientan por nosotros. Tener tanto desapego no es una tarea fácil.

Amar a todos no significa confiar ciegamente en todo el mundo; tenemos que seguir utilizando el discernimiento. Un joven vino a verme y me contó algo que le había ocurrido una noche en Mumbai. No estaba muy seguro de si había actuado bien o no. Un ladrón se le acercó en la calle, le puso un cuchillo en la garganta y le exigió que le diera todo su dinero. En lugar de hacer lo que el ladrón le pedía, agarró el cuchillo, le dio un puñetazo en la cara (rompiéndole la nariz) y salió corriendo para poner su vida a salvo, quedándose el cuchillo como recuerdo. Le aseguré que en ese caso había hecho justo lo correcto.

A veces es importante luchar para defender una causa justa. Indudablemente, en la vida aparecerán obstáculos. Hay que mantener la actitud mental correcta y aprender a fluir adecuadamente alrededor de esos obstáculos. En este caso, el hombre no se había enojado con el ladrón que intentaba robarle; de hecho, defenderse había sido la acción más compasiva que podía haber escogido. Tal vez inspiró al ladrón para que pensara profundamente sobre si debía seguir o no con su mala elección de carrera.

Hay que intentar comprender la naturaleza básica de las personas. Cuando recordamos que todas las personas tienen defectos, resulta más fácil perdonar a los demás y tenerles compasión, en lugar de culparlos o juzgarlos por sus limitaciones. Si podemos mantener esta comprensión, nos ayudará a ser empáticos con todos y acabará llevándonos a un estado final de amor desinteresado.

Las personas que van al áshram de Amma a veces piensan que, por ser un lugar sagrado, todos serán tranquilos y amables y estarán siempre entregados a sus prácticas espirituales. Eso puede parecer cierto hasta que se llega a la cola del chai para recibir una taza de té. Ahí se pueden ver algunos comportamientos no tan santos. Cuando los deseos se bloquean, del ego surge la ira. Hay que entender que esa es la naturaleza del ego y la naturaleza del mundo. Nuestro rostro malhumorado hace su aparición cuando los deseos vienen a la carga.

Como dice Amma: «No hay que intentar convertir una rana en un elefante o un elefante en una rana. Trata de ver a los demás como son, no como quieres que sean. Si vamos a un zoo habrá animales salvajes, leones y tigres. No nos acercamos a esos animales sino que nos mantenemos alejados y disfrutamos de verlos. Es peligroso acercarse demasiado. Del mismo modo, siempre hay que dejar un espacio interior que nos separe de lo que está sucediendo y tratar de convertirnos en testigos de ello. De esa manera, seremos capaces de mantener la calma y la paz interior a pesar de todas las circunstancias exteriores».

Si podemos mantener el desapego interior, podremos disfrutar del mundo sin que nos afecten negativamente todos sus altibajos. Siempre habrá personas a las que queramos y que serán increíblemente bondadosas con nosotros y otras que no nos gustarán porque son difíciles de tratar. Nos resultará más fácil empatizar con aquellos que no nos gustan si nos fijamos en su historia, tratando de comprender sus problemas, dolores y sufrimientos. Este proceso sacará a la luz nuestra compasión intrínseca y la ayudará a crecer. Cuando conocemos a las personas que nos molestan, muchas veces vemos que han tenido unas circunstancias sumamente tristes o difíciles.

La mayor parte de las veces no somos conscientes de cuán profundamente están sufriendo las otras personas y las juzgamos erróneamente. Tal vez aquellos que son más difíciles fueran maltratados o no recibieran suficiente amor de sus padres. Amma dice que, incluso en el útero, un bebé puede no formarse adecuadamente si no ha sido concebido con intenciones amorosas. Tal vez la persona venga de padres alcohólicos o drogadictos. Esos niños a menudo tienen heridas duraderas que arrastran a lo largo de toda la vida. Si podemos comprender las situaciones desde una perspectiva más amplia, podemos liberarnos de las cadenas de la esclavitud que proceden de nuestra forma crítica de pensar.

Amma nos dice: «No seas como una cámara. Sé como un espejo». Reflexiona, suelta y desapégate. Amma nunca se ve atrapada por las emociones negativas. Ella es un puro espejo, que observa con amor y nos devuelve nuestro reflejo. No se aferra a nada, sino que deja que todo pase a través de Ella sin juzgarlo. Nosotros, por el contrario, somos más como cámaras que hacen fotos de todas y cada una de las escenas para usarlas como prueba. La increíble libertad que brota del desapego Le permite a Amma hacer lo que nadie más puede hacer: amarnos a cada uno de nosotros incondicionalmente y abrazar a miles de personas una tras otra.

Mientras nos movemos por el mundo, tenemos que aprender a entender correctamente a los demás y a querer a todos sin ninguna expectativa de recompensa. Amma nos pide que comprendamos la situacion de las personas, sus circunstancias, su constitución mental y, después, que los sirvamos.

Capítulo 11

Crear libertad interior

El odio nunca desaparece con el odio,
sino que solo se cura con el amor.

Estrofa budista

Si no podemos soltar las experiencias negativas que nos sucedieron en el pasado, nunca seremos capaces de crecer. Solo por el perdón podremos curar nuestro dolor. Las personas nos hacen daño principalmente porque ellas están sufriendo. Cuando adquirimos una visión compasiva que nos permite ver más allá de la fachada exterior, nos damos cuenta de lo lejos que llegan los efectos del dolor experimentado durante innumerables vidas. Ese ciclo de dolor seguirá hasta que nos desenredemos de la esclavitud de nuestros conceptos mentales y aprendamos a perdonar. Hace falta ser una gran persona para perdonar, especialmente cuando otra persona tiene la culpa.

Indudablemente, quienes nos han hecho daño recibirán el castigo divino. No debemos tener la menor intención de ser nosotros quienes lo ejecutemos. Es perjudicial desear vengarse de las personas o castigarlas por la forma en la que nos hayan hecho daño. Todos giran en su propio ciclo kármico. Todo el dolor que causemos a los demás, se nos devolverá algún día; así que, ¿por qué hacernos daño en el futuro buscando venganza? Limitémonos, por el contrario, a aprender de nuestras propias experiencias difíciles. ¿Quién sabe lo que hicimos en otras vidas para atraer el sufrimiento hacia nosotros?

Amma pone el ejemplo de que, si estamos caminando en la oscuridad y tropezamos con un arbusto espinoso o una cerca de alambre de pinchos, nos lastimaremos. En lugar de dejarlo pasar y centrarnos en sanar el dolor, nos aferramos a los pinchos gritando: «¡Me has hecho daño, suéltame, suéltame!» En realidad, los que seguimos aferrados somos nosotros. Aunque solo sería por nuestro propio bien, aún no estamos dispuestos a soltar el dolor que nos estamos causando a nosotros mismos. Un día tendremos que soltarlo todo. ¿Por qué no hacerlo lo antes posible después de haber quedado marcados por tanta angustia autoinfligida y tanto traumatismo? ¿Por qué no perdonar y ser libre?

Aprendemos a perdonar por nuestro propio bien. En cuanto al dolor que hemos tenido que experimentar, quizás nunca podamos entender realmente por qué tuvo que producirse. Hay algunas cosas en la vida que nunca podremos entender, algunas cosas que ni siquiera podemos intentar entender. Para curarnos, debemos aceptar que ese dolor era nuestro *karma* (la ley de causa y efecto) volviendo a nosotros y perdonar a quienes fueron los vehículos divinos enviados para entregarnos el mensaje.

Una tarde, en la playa en Ámritapuri, Amma dio un sátsang sobre el Año Nuevo que se acercaba. Dijo que en lugar de hacer propósitos debíamos esforzarnos por perdonar. Si nos hemos metido en peleas o si hemos dejado de hablarle a alguien, debemos ser los que nos disculpemos y pidamos perdón. Ella ha dado este sátsang en varias ocasiones, diciéndonos que, si nos hemos enemistado con otros miembros de nuestra familia, debemos ser nosotros los que tendamos la mano para perdonar. En esta ocasión particular, un devoto se dio cuenta a regañadientes de lo que tenía que hacer.

Sentado en el sátsang, envió un email desde el móvil a su padrastro y se disculpó por la mala relación que tenían. Le pidió perdón y le dijo que, aunque no se hubieran llevado bien durante veinte años, le gustaría volver a empezar. Su padrastro se emocionó profundamente y se puso contentísimo. Inmediatamente aceptó ese nuevo comienzo. Cuando el devoto volvió a visitar a su madre y a su padrastro unos meses más tarde, se enteró de que a su padrastro le habían diagnosticado un cáncer terminal y solo le quedaban pocos meses de vida.

La relación que surgió de su reconciliación hizo que el devoto se convirtiera en el cuidador de su padrastro durante sus últimos meses de vida. Al final, ese devoto fue quien estuvo sentado junto a la cama de su padrastro dándole la mano durante la transición a la muerte. Su tiempo de sanación juntos forjó una relación preciosa, que se convirtió para ambos en un asombroso viaje espiritual.

Debemos aprender a rezar por los que nos hacen daño. Pedid que nosotros seamos capaces de perdonarlos y que ellos sean capaces de soportar el dolor y el sufrimiento que tendrán que experimentar por culpa de sus acciones. Suelta el «arbusto de espinas» y abraza el perdón. Si puedes hacerlo, no cabe duda de que la vida te abrazará siempre con dulzura.

Otro devoto contó la experiencia que tuvo siguiendo el consejo del sátsang de Amma:

Mi hermano menor trabajó en el World Trade Center durante muchos años. Estaba en el edificio el día de los atentados. Después que el primer avión chocara contra su edificio, pudo escapar con varios compañeros. Se estaban preparando para entrar en la segunda torre, cuando el segundo avión chocó. Se pusieron a correr y volvieron a salvarse.

Las comunicaciones estaban cortadas, así que no supimos en todo el día si había sobrevivido. Después de los ataques, mi hermano nunca habló de su dolor y de su experiencia traumática. Nunca buscó consejo. No quería hablar de eso ni con su esposa ni conmigo. Simplemente intentaba hacer como si no hubiera pasado. Yo sabía que estaba sufriendo, pero no sabía qué hacer para ayudarlo.

Amma nos enseña a amar a nuestros familiares cuando están sufriendo, pero en ese momento mi hermano y yo llevábamos quince años sin contacto regular. Hubo muchos problemas familiares y eso provocó una profunda distancia entre nosotros. En el sátsang de Amma oí que debíamos escribir a los miembros de la familia con los que no nos tratábamos, rezar por ellos y comunicarles poco a poco nuestro amor por ellos. Dijo incluso que, si no sabíamos qué decir, les escribiéramos un email o una carta breve en la que les expresáramos nuestro interés y nuestro cariño. Nos hizo decir en voz alta en el auditorio que escribiríamos a nuestros familiares. De modo que me comprometí a hacerlo. Así empezaron doce años escribiéndole a mi hermano.

El 11 de septiembre de cada año le escribía una breve nota. Le expresaba mi amor y mi comprensión por su sufrimiento, así como mi gratitud porque él estuviera vivo. Le decía que siempre estaría a su disposición si quería hablar.

Pasó un año tras otro, pero él nunca respondió. Amma nos enseña a amar sin expectativas, y así cada año enviaba el mensaje y seguía rezando. Hace pocos años, el 11 de septiembre, noté que mi móvil vibraba. Lo miré y por primera vez en años vi que había un mensaje de texto de mi hermano. Me había reenviado todos los mensajes de texto que le había mandado desde la década anterior con una nota que decía: «guardaba los mensajes de texto cada año y los releía a lo largo del año. No tienes ni idea de cuánto han significado para mí todo este tiempo».

Fui bajando y leyendo los mensajes que le había escrito una vez al año, durante años y años, sin saber nunca si los leía, si le gustaban o si lo consolaban. Me eché a llorar. Amma me demostró que el amor y la reconciliación son incluso más poderosos que el dolor del terrorismo.

> Como gotas de agua sobre una roca, el amor acaba venciendo.

En la vida tenemos que elegir: o podemos caer en más sufrimiento o podemos escalar hacia el perdón y la paz interior. Hay que ser increíblemente valiente y humilde para caminar por el camino del perdón. La mayor parte de las personas no están preparadas para esa heroica aventura. Un buscador espiritual debe recordar que solo por el perdón podemos elevarnos más, por muy difícil que sea. Si te aferras al pasado, no te va a servir para nada. Si quieres avanzar hacia Dios, tienes que aprender a perdonar y a olvidar.

Cuando la gente le pone estiércol, ¿qué hace la planta? Absorbe los minerales de ese abono maloliente y los utiliza para crecer. No piensa: «¿Qué me has hecho?» Las flores florecen absorbiendo solo los nutrientes del estiércol y los usan para convertirse en preciosas flores. Del mismo modo, mediante el perdón podemos convertirnos en magníficas flores espirituales que desprendan el raro perfume del amor desinteresado.

Capítulo 12

Principiante para siempre

*Para eludir la crítica no hagas nada,
no digas nada, no seas nada.*

Elbert Hubbard

La primera vez que acudimos a Amma podemos pensar que estamos muy cerca de la perfección y traspasando el umbral del Autoconocimiento; pero, al cabo de un tiempo, a medida que pasan los años y que otros, inevitablemente, desencadenan nuestras negatividades ocultas, empezamos a descubrir que quizá no seamos tan perfectos como pensábamos al principio. Del mismo modo, podemos pensar que el suelo de la cocina está limpio, pero cuando empezamos a limpiarlo con un paño húmedo aparece toda clase de suciedad. Cuando somos sinceros con nosotros mismos, empezamos a darnos cuenta de lo lejos que en realidad estamos de la perfección. Hemos vuelto a la línea de salida, convirtiéndonos en principiantes para siempre.

Reconocer nuestros defectos es un muy buen punto de partida en el camino de la humildad. Cuando el espejismo de creer que somos tan buenos se rompe, podemos empezar a recoger los pedazos, volviéndonos más honestos con nosotros mismos. Las prácticas espirituales son como un paño húmedo que limpia las impurezas de nuestra mente. Nos ayudan a ser más conscientes, a limpiar nuestro comportamiento y a volvernos íntegros.

Si cometemos un error, no basta con dejar de hacerlo. Hay que dar un paso más y aprender a corregirlo. Si nos caemos, no basta con quedarnos tirados en el suelo tirados y anquilosarnos allí. Tenemos que levantarnos y reunir las fuerzas necesarias para seguir adelante. Amma nos dice que debemos ser como limaduras de hierro atraídas por un imán. Esa intensidad para fundirnos con Dios debe inspirarnos a levantarnos tras cada caída y a seguir en marcha.

Hace poco, alguien me dijo que se sentía triste y enojada porque la habían reprendido por algo que no había hecho. Aunque no tenía la culpa, le aconsejé que permaneciera callada y aceptara la reprimenda, aunque la otra persona estuviera claramente equivocada y ella tuviera razón. Conocía a la persona con la que tenía el conflicto, y me parecía que si le hacía frente la historia no tendría fin. No era la forma en la que ella solía afrontar esa clase de problemas, pero aceptó quedarse callada. Unos días más tarde me dijo que la persona que la había reprendido había vuelto para disculparse. La actitud tranquila de la chica le había mostrado que se había equivocado. Se sintió arrepentido por su mal comportamiento y comprendió que él era quien tenía que cambiar.

A veces no podemos evitar echarles la culpa a los demás. Eso sucede cuando no queremos aceptar que nosotros también estamos cometiendo errores. ¡Que rápido aprenderíamos a ser humildes y a aceptar nuestros errores si viéramos que la gente nos reprende como Amma! Si pudiéramos hacer eso, les diríamos cariñosamente a los que nos critican: «Lo siento, gracias por señalarme lo que tengo que mejorar», aunque no fuera verdad.

Cuando mantenemos la ecuanimidad en nuestro interior, por disparatada que sea la situación exterior, se corta el vínculo kármico que nuestra ira podría haber creado. Si, por el contrario, decidimos pelear, podemos aferrarnos al conflicto durante años, quizá incluso durante generaciones.

Tenemos que aprender a cortar nuestros lazos kármicos, arrancarlos de raíz y disolver completamente nuestros conflictos. De lo contrario nos encontraremos representando una y otra vez las mismas escenas dañinas. Las situaciones y las circunstancias seguirán dándose hasta que aprendamos la lección que tenemos que aprender. Debemos intentar aprender de nuestros errores e intentar no volver a caer en ellos. Cada día tenemos la oportunidad de volver a empezar. Cuando alguien nos señala que hemos hecho algo mal, debemos hacer un esfuerzo para aceptarlo de la manera más humilde posible.

No sirve para nada pensar: «Soy un pecador. He cometido muchos errores. No voy a aprender nunca. No puedo cambiar». ¡Qué equivocada es esta actitud! Siempre hay que estar dispuesto a volver a empezar. Las bendiciones sutiles están siempre fluyendo hacia nosotros, pero solo podemos recibirlas cultivando una actitud positiva. No debemos convertirnos en víctimas de la desesperanza y el fracaso.

No hace falta hablar de los defectos propios con todo el mundo, ya que eso solo sirve para reafirmarlos e intensificarlos. Cuando cometas un error simplemente obsérvalo y acéptalo en silencio. Sigue adelante tratando de no repetirlo. Esfuérzate por adquirir la humildad necesaria para alegrarte de que alguien te señale tus limitaciones. Sería muy beneficioso que pudiéramos estar agradecidos cuando nos corrigen.

Cometer errores puede ser doloroso, pero intenta recordar que ese dolor solo nos llega para impedir que nos hagamos daño. Cada acción que realicemos vendrá acompañada por determinadas repercusiones. No hay que echarles la culpa a los demás, pensando: «Es por su culpa, no por la mía». Cuando nos hacemos responsables de las acciones que realizamos en nuestra vida empiezan a surgir muchas bendiciones.

Si logramos algo importante o hacemos algo extraordinariamente bien, siempre estamos dispuestos a contárselo a todo el mundo. Eso está bien, pero también tenemos reconocer que a veces también cometemos errores. Y eso puede ser muy difícil; pero no nos preocupemos: siempre habrá un montón de gente a nuestro alrededor dispuesta a señalarnos nuestros errores, defectos y fracasos. La vida ofrece innumerables oportunidades para cultivar la humildad.

Recuerdo una historia, una vez que Amma reprendió severamente a uno de los suamis porque había sacado billetes de avión para partir a la gira europea muy pronto por la mañana del día de *Vijaya Dáshami* (la fiesta que celebra la victoria del bien sobre el mal). Esa fiesta, muy importante en la India, constituye un momento muy propicio para iniciar a los niños en el estudio. Amma estaba disgustada porque quería encontrarse en ese momento en el áshram con todos. En lugar de eso, el suami había organizado las cosas para tener un día más de descanso en Alemania después de nuestra llegada. Amma no estaba nada contenta con la decisión.

Mientras salíamos, llamó por teléfono al culpable desde el coche y le regañó, diciéndole:

—¿Por qué has hecho eso? ¿Por qué me haces irme en este momento tan especial? ¡Quería estar con mis hijos!

Donde él estaba, en la otra punta del mundo, eran las tres o las cuatro de la mañana. La conexión telefónica era malísima y no podía entender realmente lo que le decía Amma. Estaba claro que no se sentía contenta con él; pero, en lugar de sentirse molesto, pensaba en lo sagrado que era oír el sonido de su voz a esa hora tan propicia de la mañana. Estaba eufórico porque sabía que todo lo que viene de Amma es una bendición, sea lo que sea. Hasta una reprimenda nos demuestra que Ella realmente se interesa por nosotros y quiere guiarnos hacia la perfección. Con júbilo en el corazón por escuchar las palabras de Amma, colgó el teléfono, se sentó y compuso un bhajan.

Fue una forma maravillosa de aceptar su error. Estaba siendo castigado, pero la actitud humilde de oír la voz de su guru como una bendición trasformó la reprimenda en música divina. Tenemos una elección con todo lo que nos llega. ¿Luchamos y dejamos levantarse a nuestro ego? ¿O nos entregamos y trasformamos la situación en una melodía espléndida que podemos compartir con el mundo?

No podemos controlar las situaciones o los acontecimientos que se nos presentan en la vida. Lo único que podemos controlar es la actitud con la que los aceptamos. Hagamos un esfuerzo para trasformar todo en bhajans deliciosos que podamos cantar con Amma todas las noches.

Capítulo 13

El monstruo de la mente

Las cuatro tareas más difíciles que hay en la tierra no son ni las proezas físicas ni las intelectuales, sino las espirituales: dar amor a cambio del odio, incluir a los excluidos, perdonar sin justificación y ser capaz de decir: «me equivoqué».

Autor desconocido

Debemos esforzarnos por encontrar la paz mental en toda clase de situaciones difíciles. Es muy difícil conservar la ecuanimidad en todo momento, pero es la verdadera señal de una espiritualidad floreciente. Las ondas de la mente siempre están intentando arrastrarnos hacia abajo y ahogarnos en el mar de *maya* (la ilusión) en el que flota el mundo. Esas ondas mentales pueden ser más fuertes que un tsunami, ya que intentan destruirlo todo. El esfuerzo y las prácticas espirituales nos ayudarán a mantener el equilibrio cuando parezca que estamos caminando sobre una cuerda floja; pero no siempre son suficientes para atravesar situaciones complicadas con una actitud correcta. Esa es la razón por la que necesitamos la guía de un maestro perfecto.

Hay yoguis en el Himalaya que llevan décadas meditando, pero que, cuando llega la hora de ir a por la comida, pueden pelearse entre ellos por ver quién la recibe primero. Pueden estar realizando el *tapas* (ascesis) más intenso, pero a veces cosas muy pequeñas pueden afectar rápidamente a los yoguis más experimentados. Solo mediante la profunda gracia del guru se puede eliminar gradualmente la testaruda sombra del ego.

Tenemos que obtener la gracia que le permitirá a nuestra mente aferrarse a una conciencia pacífica. Esa conciencia es el arma más poderosa que podemos utilizar para destruir los monstruos que habitan en el interior de la mente. Hace falta la gracia y el poder de un maestro perfecto como Amma para vencer completamente a esos monstruos. Su amor y su guía garantizan que, con el tiempo, se disuelvan todas nuestras negatividades y nuestro dolor.

A menudo pido: «Que mi vida sea para servir a Amma y que obtenga la fortaleza necesaria para servir al mundo». Inevitablemente, mientras estoy pensando en eso, el timbre de mi oficina suena y suspiro, pensando: «¿Quién me molesta ahora?» Salgo a ver qué quiere esa persona. Por lo general es alguien que quiere ofrecer ayuda y me siento mal por haberme irritado. Vuelvo a mi seva y el timbre suena de nuevo... a veces en cuanto me he sentado... y el juego sigue.

Entonces me acuerdo y pienso: «¿Para qué estoy rezando verdaderamente? Aquí tengo una oportunidad para que se cumpla mi oración y servir a alguien»; pero me olvido. Amma siempre nos recuerda que, por muchos años que llevemos en la vida espiritual, siempre somos unos principiantes.

Podemos vivir cerca de un mahatma durante décadas, pero, si nuestra actitud interior no es sincera y pura, no creceremos ni alcanzaremos la verdadera paz mental. Podemos estar al lado de Amma muchos años, pero eso no garantiza nada si no aprendemos a utilizar bien la mente.

No basta con sentarse al lado de Amma; también hay que poner sus enseñanzas en práctica en nuestra vida.

En los primeros días del áshram, Amma nos hacía sentarnos a meditar durante ocho horas diarias, lo que era tremendamente difícil. Más tarde confesó que una de las razones por las que nos pedía que hiciéramos eso era porque siempre echábamos la culpa de nuestros problemas a las circunstancias exteriores. Es facilísimo caer en la trampa de pensar: «¡Esa persona ha causado mis problemas! ¡Tengo problemas por culpa de todos los demás!». Cuando nos sentamos a practicar meditación vemos lo que hay en realidad en nuestra mente. Si somos sinceros, nos daremos cuenta de que nosotros solos somos el origen de todos nuestros problemas. Amma quiere que comprendamos que nos tenemos que trabajar a nosotros mismos en lugar de echarles la culpa a los demás de los apuros y los líos que aparecen en nuestra vida.

Estar en presencia de Amma y observarla es una experiencia verdaderamente hermosa. Sé que soy increíblemente afortunada por tener la oportunidad de estar tan cerca de Amma.

Cuando estamos fuera del áshram y viajamos largas distancias en la caravana, Amma puede tumbarse en el suelo para descansar. Como pasa muchísimas horas sentada sin poder estirarse, Amma no tiene muy buena circulación en las piernas, por lo que a veces intento darle un masaje en los pies. Esa es una de las pequeñísimas comodidades que se permite en la vida: que muy de vez en cuando le den un masaje en los pies; e incluso entonces piensa primero en mí.

A veces, si estoy sentada en el suelo y quiero frotarle los pies, Amma estira las piernas hacia mí y coloca su cuerpo en una posición incomodísima para que yo pueda alcanzarla más fácilmente. Me da mucha pena que en su único momento de descanso esté dispuesta a estar incómoda para que yo pueda estar cómoda.

Las vibraciones que emanan de Amma en ese momento son suficientes para calmar las bestias salvajes que hay en la mente. Ha habido veces en las que los ojos se me han llenado de lágrimas pensando lo afortunada que soy de estar físicamente cerca de Ella. La presencia de Amma puede crear vibraciones que nos ablanden la mente y que amansen las bestias feroces que mantenemos enjauladas en nuestro interior, convirtiéndolas en dulces gatitos.

A veces, cuando Le toco los pies, pienso en toda la gente que a veces me molesta y visualizo que me acerco a ellos y les digo: «Lo siento. Te perdono». Toda mi negatividad se desvanece y quiero ser buena para siempre y entregarme en todas las circunstancias. En esos momentos, sus vibraciones crean tanto amor en mí que la pared de hierro fundido del ego se desintegra por completo.

El problema es que la pared solo se derrumba temporalmente. Al cabo de un tiempo, cuando he dejado de agarrarle los pies, lentamente se reconstruye y pienso: «Bueno, en realidad no hace falta que le diga nada a esa persona...»

Un solo toque de Amma puede hacer que todas nuestras negatividades se disuelvan en el aire. Por desgracia, generalmente les permitimos que vuelvan demasiado rápido. El ego vuelve a perseguirnos incansablemente. Amma es capaz de derribar las barreras que hay en nuestro interior, pero depende de nosotros el no volver a construirlas. Afortunadamente, Amma siempre nos perdona y nos anima una y otra vez a aplicar el discernimiento para hacer lo que es correcto. Hacen falta vidas enteras de práctica espiritual para reconvertir el flujo negativo de la mente y adquirir la fortaleza y la gracia divina que necesitamos para alcanzar la meta de ver y experimentar a la Divinidad en todas partes.

Estamos aquí para aprender a dominar la mente y así poder ver la verdadera belleza de la creación, como Amma. Tenemos que dejar de echarles la culpa a los demás y estar contentos con lo que se nos da. Cada problema difícil que se nos plantea es en realidad una hermosa lección disfrazada. Todo está planeado por la Divinidad para enseñarnos algo que nos ayudará a superar nuestro sufrimiento. El problema es que confiamos en el enemigo que siempre está intentando engañarnos: la mente. Pensamos que esta loca mente es nuestra mejor amiga y nos creemos todas las cosas absurdas que nos dice.

Amma sabe qué es lo que necesitamos para alcanzar el estado de visión ecuánime, no debemos dudarlo; pero puede no ser fácil recordar esta verdad cuando las nubes oscuras de maya nublan nuestro discernimiento. Amma ha dicho que puede ser muy fácil ver y sentir lo Divino, pero que es sumamente difícil no caer en las garras de maya.

Tienes que decirte: «Voy a estar presente en este momento y utilizar mi discernimiento. Todo lo que me llega es para que pueda aprender una lección importante». Aunque podamos pensar que alguien o alguna situación exterior es el catalizador que causa nuestros problemas, no es así. Todo nuestro sufrimiento viene solo de los monstruos que hay en nuestra mente. Intenta controlar esos monstruos maléficos antes de que te devoren. Si tratamos de hacer un esfuerzo consciente de controlarlos, con el tiempo conseguiremos la fortaleza mental necesaria para fundir definitivamente todas nuestras negatividades.

Hacen falta vidas enteras de esfuerzo consciente de ser bueno para alcanzar el objetivo final, el conocimiento de Dios. Antes que tengamos que abandonar este cuerpo, ¿por qué no intentar al máximo llevar una vida virtuosa, poco a poco, de la manera que podamos? Cuanto más lo intentamos, más fácil se vuelve. Si ponemos todo nuestro esfuerzo, seguro que la gracia de Amma acabará llevándonos a la meta final del conocimiento de Dios.

Capítulo 14

Amma disuelve todas las negatividades

Renunciar significa tener la actitud adecuada.
Si te desapegas mentalmente, puedes estar
rodeado por todo el mundo y nunca te afectará.

Amma

Si podemos mantener la cabeza fuera del agua cuando las olas de la existencia amenazan con ahogarnos, jugar con las olas se convierte en una experiencia deliciosa. Cuando nos esforzamos por ver la alegría en la vida y podemos sentirnos agradecidos, especialmente en los momentos más difíciles, la vida se convierte en un regalo precioso que nos lleva a lo más alto de la espiritualidad. Para lograrlo, tenemos que consolidar las buenas cualidades, que nos ayudarán a reducir las tendencias negativas. Deshacerse de todo el egoísmo no es tarea fácil.

La única manera de poderse liberar del dolor mental y de los demonios que viven en el interior es reconocerlos como lo que realmente son. Nuestra verdadera naturaleza es el amor puro; pero es difícil, casi imposible, amar a las personas cuando nos sentimos molestos o muy enojados con ellas. Una chica que conozco confesaba que cuando se enfadaba imaginaba que le sacaba los ojos a la gente. En el mundo actual hay muchas personas que tienen fantasías violentas dándoles vueltas en la cabeza. Hasta en las escrituras hinduistas se habla de un yogui que se enfadó tanto que, con una sola mirada, convirtió a un pájaro en un montón de ceniza.

Es importante cultivar el desapego interior cuando estas *vásanas* (tendencias negativas) surgen dentro de nosotros. Tenemos que percibirlas e intentar cambiarlas; pero también hay que tener cuidado de no odiarse por su culpa. Decirnos «soy horrible porque tengo tal o cual defecto» solo reforzará nuestro apego a la negatividad. Intenta darte cuenta de los comportamientos que tienes que cambiar y esfuérzate por cambiarlos sin enfadarte contigo mismo. Relájate. Todo el mundo tiene defectos. Limítate a hacer todo lo que puedas por eliminarlos.

No podemos amar siempre a todo el mundo, pero al menos podemos intentar no enfadarnos con ellos cuando nos sentimos contrariados. Lo único que impide que se manifieste la esencia pura de amor que yace en nuestro interior es la ira y el ego. Si permitimos que la conciencia llene nuestra mente, no habrá ningún espacio para la ira. Aferrarse a la conciencia de la Divinidad en todo momento hace que las negatividades se ablanden y se disuelvan. Pueden desaparecer en un instante, cuando surge un pensamiento positivo que las reemplaza.

Hace unos años, de gira por la Isla Mauricio, estaba con nosotros un adolescente que a veces era un poco travieso. Alguien acabó regañándole y le dijo:

—¡Eres muy travieso! ¡Eres malísimo! ¡No tienes que portarte así!

Mientras observaba como se desarrollaba la situación, me imaginaba que el chico se disgustaría terriblemente en cualquier momento, pero simplemente permaneció tranquilo, desapegado y sonriente. Su autocontrol me impresionó. A los adolescentes les resulta sumamente difícil quedarse callados y quietos (especialmente cuando les están gritando); pero, en lugar de enfadarse y reaccionar, ese chico se mantuvo callado durante toda la escena.

Más tarde, supe que el chico había descubierto un Pizza Hut cerca. Antes de la reprimenda había ido a comprar un trozo de pizza y un refresco, y se los había traído al programa. Estaba tan contento de tener algo para comer que no fuera comida india, que ni una regañina le podía sacar de su estado de felicidad. Estaba deleitándose con su pizza y su única respuesta a la reprimenda era sonreír mientras pensaba: «Me puedes decir lo que quieras, no me importa, porque ahora tengo mi pizza y estoy feliz». Disfruté de este encantador ejemplo de lo que es permanecer totalmente en el momento presente.

Debemos ver nuestras vidas de la misma manera. Tenemos a Amma y, por eso, lo tenemos todo. Tenemos mucho más que la mayoría de las personas del mundo. Aquí estamos, con la mahatma más grande que haya existido nunca. Debemos intentar ver nuestra vida como ese chico veía su pizza. Por cursi que suene, Amma es nuestra «pizza deluxe con todos los ingredientes».

La verdad es muy sencilla, pero muy fácil de olvidar, porque la mente intenta engañarnos constantemente. Nunca debemos hacernos amigos de la fluctuante mente, porque, al igual que la gravedad, la naturaleza de la mente la fuerza a arrastrarnos hacia abajo, hacia la negatividad. Podemos poner el ejemplo de un caldero lleno de cangrejos. Si un cangrejo intenta trepar y ser libre, los demás lo agarrarán rápida y tenazmente y tirarán de él hacia abajo. Si los cangrejos del fondo del caldero no se pueden liberar, tampoco le permitirán a ninguno de los otros liberarse. Este ejemplo clásico se conoce como «el síndrome del cangrejo». Si estamos atrapados en el sufrimiento y en la inquietud, solo conseguimos un poco de paz mental cuando sabemos que los demás también son desgraciados.

En Occidente, gran parte de la psicología convencional aconseja que profundicemos en nuestras emociones y nos permitamos mirarlas y sentirlas lo más profundamente posible. Los pensamientos y las emociones son pasajeros y se basan en la siempre cambiante mente, que está arraigada en maya. Cambian constantemente, así que, ¿por qué les damos tanta importancia? El permitirnos hacerles caso les da más fuerza de la que merecen y solo les ayuda a controlarnos mejor.

Conozco a una estudiante que estudió psicología durante una época, pero pensó que ello le había alterado mucho más la mente. Después de un año trabajando con un terapeuta que la animó a ahondar profundamente en sus pensamientos y emociones, su mente estaba tan inquieta que tuvo que empezar a tomar medicamentos para poder dormir de noche. Al igual que las olas del mar cuando avanzan hacia la orilla, nuestras emociones están cambiando constantemente. No les demos tanta importancia o nos arrastrarán hacia quién sabe dónde. Simplemente mantente desapegado y observa desde la orilla el ir y venir de las olas.

Lo que he descubierto en mi propia vida es que, si me mantengo ocupada la mayor parte del tiempo, enfocada en hacer mi trabajo de servicio, sin permitir que mis sentimientos personales interfieran, me encuentro completamente a salvo. Tendemos a creer que siempre tenemos que pensar, sentir y estar en contacto con nuestras cambiantes y fugaces emociones; pero, cuando se piensa demasiado, es fácil dejarse llevar hacia un mundo no tan maravilloso lleno de problemas imaginarios. Seremos zarandeados en un mar oscuro y turbio de pensamientos y nos estrellaremos contra las rocas una y otra vez. Es mucho mejor intentar canalizar nuestra energía hacia algo positivo, o recitar un mantra, que perderse en pensamientos ilusorios y engañosos.

Se dice que Dios creó todo lo que hay en este mundo excepto el ego. Este lo creó el ser humano, y por eso es tan fuerte en nosotros. No podemos superar el ego por nuestra cuenta: estamos demasiado cerca de él y no podemos verlo con claridad. Es como una sombra que nos sigue a todas partes. La única forma segura de disolverlo para siempre es por la gracia de un maestro perfecto.

Si tomamos a Amma como nuestra guía, tenemos prácticamente garantizado que los días del problemático ego están contados. Algunas personas dicen que no se necesita a un maestro espiritual y que se puede conseguir la liberación por uno mismo, pero eso no es verdad. Solo un porcentaje muy, muy pequeño de personas son aptas para un camino sin maestro. La mayor parte no lo somos. La belleza de tener un guru es que nos puede separar de nuestro ego y eliminar todo el sufrimiento y el dolor reemplazándolos por amor.

Capítulo 15

El servicio desinteresado lleva a la gracia

Todo es realmente muy sencillo. No hay que elegir entre ser bondadoso consigo mismo o con los demás. Ambas cosas son lo mismo.

Piero Ferrucci

Amma nos recuerda que el Sol no necesita la luz de una vela. Igualmente, Dios no necesita nada de nosotros porque Dios es el que da todas las cosas. Hay que entender que realizar buenas acciones y hacer servicio solo redunda en nuestro propio beneficio. La gracia fluye hacia los que realizan trabajo desinteresado y encarnan en su vida los principios espirituales, aunque no sean «religiosos». Una de las mayores lecciones que he aprendido de Amma es el poder que tiene el servicio desinteresado para abrir un canal de gracia divina.

Si alguien te pregunta: «¿Puedes ayudarme con esto?», ayúdale. Es Dios que viene disfrazado para darte la oportunidad de abrir el corazón y disolver el egoísmo. La mayoría de las veces, las formas en las que podemos ayudar son muy sencillas. No nos llevan demasiado tiempo o esfuerzo, y quién sabe la gracia que recibiremos haciendo esa clase de cosas. Recibes más bendiciones ayudando a los demás que si pasas semanas meditando. Lo que atrae la gracia hacia nosotros son los trabajos pequeños, desinteresados, sencillos, nada espectaculares. Amma nos ha dicho una y otra vez que su mente recordará siempre a aquellos que ofrecen su ayuda inocentemente, especialmente cuando no tienen obligación de hacerlo.

En la gira de Europa de 2013, mientras viajábamos hacia Holanda, teníamos programada una parada a última hora de la tarde al lado de un lago, en la que Amma serviría una merienda cena a todos. El menú ya estaba preparado: patatas fritas y un plato indio consistente en bolas de arroz al vapor con un relleno dulce. Mientras esperábamos que llegaran los autobuses de los voluntarios, el equipo de la cocina empezó a preparar la cena. Colocaron las cocinas fuera, sobre la hierba, con grandes sartenes de aceite caliente para freír las patatas. Esperamos más de una hora a que llegaran los autobuses, pero durante ese tiempo lo que era una tarde agradable se convirtió en una noche fría, oscura y con un viento terrible. Amma decidió que en lugar de hacer eso debíamos seguir hasta el lugar donde sería el programa holandés.

Mientras dejábamos atrás el parque me di cuenta de que el equipo de cocina aún estaba allí con las sartenes de aceite caliente en las cocinas y muchos ingredientes por todas partes. Me sentí muy mal por ellos y me pregunté cómo iban a ser capaces de transportar de forma segura las sartenes llenas de aceite caliente. De alguna manera, se las arreglaron.

Cuando llegamos al pabellón, Amma decidió dar de comer a todos los que se habían presentado, que eran muchas más de cuatrocientas personas. El equipo de cocina frió las patatas y preparó una comida completa en un tiempo récord. Amma sirvió la comida, haciendo que todos nos sintiéramos felices. Para muchas personas del programa era la primera vez que tenían la ocasión de que les sirviera un maestro espiritual (tradicionalmente se supone que es lo contrario; pero Amma nunca sigue esa tradición. Siempre es Ella la que nos sirve a nosotros). Al final de todo, justo antes de levantarse, Amma tendió su mano y agarró la del hombre por el que yo había sentido más pena, el jefe de cocina que había dirigido los pesados preparativos. Le tomó la mano y se la besó cariñosamente sin razón aparente. Él estaba emocionado.

Cuando no pedimos nada a cambio, se nos da más de lo que nunca podríamos esperar. No hace falta que Amma nos vea trabajar, ni siquiera que oiga hablar de ello. Su gracia fluye espontáneamente justo en el momento oportuno. Es una de las lecciones más bonitas: cuando damos, recibimos mucho más. Si uno simplemente pasa por la vida, ¿qué le quedará realmente al final? Cuando hemos experimentado el valor de dar, nuestro corazón se llena inmediatamente de gozo. La recompensa es mil veces mayor.

Cuando dejemos de pensar en nosotros mismos y empecemos a centrarnos en los demás, descubriremos que lo Divino nos proporciona todo lo que necesitamos. Quizá no consigamos todo lo que queremos o deseamos, pero, si miramos con los ojos de la fe, nos daremos cuenta de que nuestras necesidades siempre están atendidas. Si nos falta algo, lo Divino solamente nos está enseñando una valiosa lección.

Hace poco, un devoto que realiza mucha seva contó una historia sobre lo que sucedió una vez que su traje de baño se estaba deshaciendo y necesitaba otro. De repente, la asistente personal de Amma le llamó y le dijo que Amma tenía algo para él. Eso le confundió un poco… ¿Qué podía tener Amma para él? Le dieron un paquetito. Quitó la goma y miró dentro. ¡Era su antiguo bañador, que había perdido en la piscina de Ámritapuri dos años antes! Un devoto de Mauricio se lo había traído a Amma y Le había dicho que se lo habían dejado allí en un programa (cómo pudo su bañador viejo haber viajado a Mauricio era un absoluto misterio). Amma a su vez se lo estaba devolviendo a él… justo a tiempo. En ese momento se dio cuenta de que Ella siempre nos provee de todo lo que necesitamos justo en el momento adecuado.

Entrégate a lo que se te presente y sé feliz con lo que tienes. Recuerda que lo Divino siempre está cuidando de nosotros. Realmente, esta es la mejor norma de vida.

Si a veces parece que no estuviéramos recibiendo todo lo que necesitamos o que, a pesar de nuestras buenas acciones, todavía estamos sufriendo sin razón, debemos recordar que lo que estamos experimentando ahora es el resultado de las acciones que hemos realizado en el pasado.

Tenemos que ser suficientemente fuertes para afrontar todo lo que nos llega en la vida, recordando que todas las dificultades son bendiciones disfrazadas. Si luchamos contra todo, siempre sufriremos. A menudo acabamos pensando: «No, esto está mal, es un error. ¡No está bien, no es justo!». Intenta recordar que todo es para *nuestro* crecimiento, para que salgan a la luz los talentos ocultos que tenemos dentro. Si podemos recordar esto, el viaje de la vida se volverá mucho más fácil para nosotros.

Si intentamos ser buenas personas, ese bien nos volverá algún día. No podemos hacer nada para cambiar el pasado. Cada acción que hemos realizado tiene una reacción, y esa reacción nos llega ahora. No nos podemos escapar de lo que nos va a suceder, pero lo que hagamos bien ahora determinará nuestro futuro. No podemos borrar el pasado, pero podemos controlar nuestras reacciones negativas en el presente entendiendo la ley del karma.

Si rezamos y nos esforzamos por cambiar nuestros malos hábitos haciendo el bien, la gracia de un satguru puede anular parte del karma negativo que nos tiene que llegar. Quizá no lo elimine todo, porque a veces necesitamos sufrir para aprender algo de valor; pero cuando nos esforzamos más por ser buenos, Amma puede reducir nuestro sufrimiento considerablemente.

Lo Divino da siempre a todo el mundo exactamente lo que necesita. Cuando hacemos adecuadamente nuestras prácticas espirituales y rezamos desinteresadamente por los demás, adquirimos la mentalidad necesaria para recordar esta verdad. Eso es lo sorprendente del servicio: cuando damos a los demás recibimos mucho más a cambio.

Capítulo 16

Lo Divino nos cuidará siempre

Si te ocupas del hoy, Dios se ocupará del mañana.

Mahatma Gandhi

Confía en que lo Divino sabe cuidar de todos. Somos las únicas criaturas de toda la creación que se preocupan sin fin por sí mismos. Cuando creamos que siempre estaremos cuidados, podemos dedicar esa energía a ayudar a los demás.

En la Biblia, Jesús dice: «Por eso yo os digo: no os preocupéis por vuestra vida, por lo que comeréis o beberéis; o por vuestro cuerpo, por qué vestiréis. ¿No es la vida más que el alimento y el cuerpo más que el vestido? Mirad a los pájaros del aire: no siembran, ni cosechan, ni guardan en graneros, y, sin embargo, vuestro

Padre celestial los alimenta. ¿No sois vosotros mucho más valiosos que ellos? ¿Puede alguno de vosotros, preocupándose, añadir una sola hora a su vida? ¿Y por qué os preocupáis por la ropa? Ved cómo crecen las flores del campo. No trabajan ni hilan; pero os digo que ni Salomón en todo su esplendor vestía como una de ellas. Si así es como Dios viste a la hierba del campo, que hoy está aquí y mañana la echarán al fuego, ¿no va a vestiros mucho mejor a vosotros, que tenéis tan poca fe? Así que no os preocupéis, diciendo: "¿Qué vamos a comer?" o "¿Qué vamos a beber?" o "¿Qué vamos a vestir?"» (Mateo 6:25-32).

Hace unos años, a un hombre muy devocional le informaron de que probablemente le iban a despedir del trabajo. Como los trabajos de ingeniería eran difíciles de encontrar en aquella época, sabía que solo la gracia podría ayudarle. Amma estaba de gira por Europa, por lo que miró en internet para saber en qué ciudad se encontraba y llamó al teléfono que aparecía como información de contacto. Sabía que había muy pocas posibilidades de que el organizador, que estaría muy ocupado por la visita de Amma a su ciudad, contestara el teléfono; sin embargo, cuando llamó, el organizador atendió inmediatamente. Preguntó si podía hablar con un determinado suami que justo «dio la casualidad» de que estaba al lado del teléfono. El suami escuchó la petición y le dijo al devoto que informaría a Amma sobre la pérdida de su trabajo.

Cinco minutos después de hacer la llamada, el director le comunicó oficialmente que iba a perder el trabajo. Inmediatamente volvió a llamar al suami. Este le dijo que tan pronto como había entrado en la habitación de Amma, antes incluso de que pudiera contarle lo que había pasado, Amma le dijo:

—Mi hijo ingeniero acaba de llamarte y está preocupado por su situación laboral. No tiene que preocuparse, yo me encargaré de todo.

Tenía plena confianza en que Amma cuidaría de él y, lleno de alegría, decidió pasar el tiempo haciendo seva en el áshram de San Ramón. Mientras estaba haciendo su servicio, la mujer de un ingeniero pasó por San Ramón y le preguntó si conocía a alguien que estuviera buscando trabajo. Buscaba a alguien que tuviera exactamente las aptitudes que él tenía.

Se nos da todo lo que necesitamos sin pedirlo. Si nos esforzamos por aprender a entregarnos con confianza y con fe a lo que se nos da, sin pedir más, descubriremos que hay una corriente de bendiciones fluyendo hacia nosotros en todo momento.

Lo Divino nos ama de verdad y sabe lo que es mejor para nosotros, pero somos como niños que solo quieren lo que quieren, y no vemos las bendiciones de lo que se nos da. Una devota, que es profesora, cuenta una historia sobre uno de sus estudiantes:

«El año pasado había un joven en mi clase. Jugaba al fútbol y era guapo, encantador y simpático con sus compañeros de clase. Era muy brillante, pero terriblemente indisciplinado. Todos los días entraba en el aula contento y juguetón, pero cuando había que ponerse a trabajar empezaba a quejarse y a protestar amargamente:

—Señorita, odio esta clase, es demasiado trabajo, voy a suspender, ni siquiera lo voy a intentar, de todos modos no lo puedo hacer, usted lo pone demasiado difícil.

Todos los días la misma historia.

Yo a veces era amable, a veces dura, otras veces compasiva, o severa, pero siempre le decía:

—Sí que puedes, y sí que lo vas a hacer.

Ahora tengo que confesar que me sentía abrumada por todas sus quejas. La batalla prosiguió mes tras mes. Sus notas bajaban, y, como no podía jugar al futbol si eran inferiores a un cinco, venía después de las clases y le ayudaba a ponerse al día por las tardes; pero a la mañana siguiente de nuevo las mismas quejas de siempre.

Frustrada, acabé separándolo de sus amigos y haciéndole sentarse en otra habitación para que pudiera concentrarse. Se volvió aún más iracundo y hostil, pero todos los días lo enviaba a su nueva ubicación. Entonces, por fin, un día, cuando ninguno de los dos lo esperaba,

Amma se presentó de manera encubierta. El chico empezó a gandulear, y le dije:

—De acuerdo, ha llegado el momento de irte solo a tu oficina.

Se quejó y protestó, pero seguí hablando:

—¿Sabes cuál es el verdadero problema? Hablaba en serio y él lo sabía. Preguntó:

—No. ¿Cuál es el verdadero problema?

—Cielo —le respondí—, el verdadero problema es que tú piensas que te estoy castigando, pero no es así. El verdadero problema es que tú simplemente no sabes que este es el aspecto que tiene el amor.

Se quedó helado en medio de la habitación. Se podría oír caer un alfiler. Veía los engranajes que daban vueltas en su cabeza. Me miraba con asombro.

—¿De verdad señorita?

—Si, cariño —respondí—, esto es amor. Ahora ponte a trabajar.

Se sentó lejos de sus compañeros y trabajó ininterrumpidamente el resto de la hora. Al final, me acerqué a él por detrás, le puse la mano en la cabeza y le dije:

—¿Ves lo bien que trabajas cuando te pones? Solo te hace falta un poco de ayuda para empezar.

Ahora me encantaría decir que nunca más se quejó, pero no sería cierto. A veces todavía provocaba problemas, pero desde aquél día bastaba con que le mirara a los ojos y dijera su nombre: podía ver que recordaba las palabras "este es el aspecto que tiene el amor" y se acababan los problemas.

La bendición inesperada para mí es que ahora, cada vez que veo que me estoy quejando de lo que lo Divino ha traído a mi vida, me parece que oigo la voz de Amma diciéndome: "¿Sabes cuál es el verdadero problema? El verdadero problema es que tú simplemente no sabes que este es el aspecto que tiene el amor" ».

A veces puede ser difícil recordar esta verdad, especialmente en las épocas complicadas; pero, si conseguimos entregarnos a la voluntad divina y encontrar el amor al hacerlo, sin duda nuestras vidas estarán bendecidas. A veces el mundo exterior es como un combate, pero Amma nos recuerda que el verdadero campo de batalla está en nuestro interior. Las emociones negativas como el miedo, la ira, la envidia y la falta de fe son nuestros verdaderos enemigos.

Amma es como Shri Krishna conduciendo nuestro carro durante la batalla. Ella espera pacientemente que nos volvamos en su dirección para pedirle su guía. Debemos cultivar el hábito de rezar y hablar con lo Divino, desarrollando una conversación interior con nuestro verdadero Ser, en lugar de escuchar los pensamientos negativos que parlotean intentando confundirnos. Cuando permanecemos centrados y no nos dejamos llevar por nuestros pensamientos y emociones, la mente se vuelve más clara y controlada. Encontraremos todas las respuestas que necesitamos: están esperando pacientemente en nuestro interior, listas para revelarse cuando les demos una oportunidad.

Capítulo 17

Encontrar nuestro verdadero dharma

Hay una ley mítica maravillosa de la naturaleza según la cual las tres cosas que anhelamos más en la vida —la felicidad, la libertad y la paz mental— siempre se consiguen dándoselas a otras personas.

Peyton Conway March

Nuestro verdadero dharma en la vida es saber quién somos y servir a los demás. Todos queremos un futuro bueno, que se consigue a partir de lo que hacemos en el presente. El presente es lo único que tenemos, así que basta con que hagas cosas buenas ahora. Así de fácil. ¿Por qué tendemos a complicarlo todo tanto?

La razón por la que estamos aquí es para vivir honradamente y llevar a cabo acciones bondadosas. Es mucho más importante vivir y actuar de una manera dhármica que tratar de dar sentido a nuestros siempre cambiantes pensamientos y emociones. Dedicamos demasiada energía al cambiante mundo de nuestros pensamientos y emociones. Simplemente recuerda que siempre estás siendo cuidado y no pierdas el tiempo preocupándote: muy pocas cosas de las que nos preocupamos acaban sucediendo realmente. En lugar de centrarte en ti mismo, utiliza la energía para centrarte en los demás. Si nos esforzamos por vivir según estos ideales del máximo nivel, encontraremos la paz.

Recuerdo un día, mientras viajábamos por los Estados Unidos, que Amma le preguntó a un niño que viajaba en el vehículo con nosotros:

—¿Por qué razón has nacido?

Él respondió:

—Mmm… no lo sé.

Amma respondió la pregunta por él:

—Para saber quién eres y ayudar a los demás. Dilo cinco veces.

Así que él lo repitió:

—Para saber quién soy y ayudar a los demás. Para saber quién soy y ayudar a los demás. Para saber quién soy y ayudar a los demás. Para saber quién soy y ayudar a los demás. Para saber quién soy y ayudar a los demás.

—No lo olvides nunca —le dijo seriamente. Y añadió que tenía que repetirlo cinco veces todos los días para recordarlo siempre.

Este es nuestro dharma en la vida: saber quién somos y ayudar a los demás.

Generalmente queremos conocer los asuntos de todo el mundo, pero raramente nos interesamos por quiénes somos nosotros. Siempre estamos buscando respuestas fuera, nunca en nuestro interior; sin embargo, el viaje de nuestra existencia solo consiste en esa indagación interior. Estamos aquí para entender quiénes somos realmente y por qué estamos aquí.

Mientras estamos sentados enfrente de Amma podemos disfrutar por un rato de su atención, pero eso no es suficiente. Para experimentar plenamente la paz interior, tenemos que obtener la gracia de controlar nuestra propia mente. Esa es la tarea más elevada que hay que dominar, pero también la más difícil.

Amma puede sonreírnos o derramar su amor sobre nosotros durante un tiempo, lo que nos producirá un estado de felicidad temporal; pero ese no es el objetivo final. El objetivo es instalarse en esa felicidad todo el tiempo, lo que exige profundizar en la fuente de nuestro ser. Actualmente, muchos jóvenes buscan «encontrarse a sí mismos», pero incluso con ese objetivo en la mente terminan caminando en la dirección equivocada. Se necesita un espíritu sumamente fuerte y valiente para viajar por el camino que lleva a la verdadera meta, la de encontrar nuestro verdadero Ser, el Ser eterno, que es uno con lo Divino.

Recuerdo un día que estaba sentada en un taller sobre liderazgo. Se habían presentado muchas personas que querían ser líderes. Todas parecían muy entusiasmadas, estaban impacientes por descubrir cuál era el secreto. El profesor habló y habló.

Francamente, tengo que confesar que lo encontré bastante aburrido. No hubo nada de lo que se dijo que me interesara realmente, hasta que estábamos muy cerca del final y ese hombre dijo esta frase: «Descubre qué don tienes en esta vida, qué es lo que se te da bien, y utilízalo para servir a los demás». Cuando lo oí, pensé que había valido la pena estar allí toda esa clase solo para oír esa afirmación.

Se me quedó realmente grabado en la mente. Nuestro papel dhármico en la vida es ese: Descubrir qué dones tenemos en la vida y utilizarlos para servir. Eso es lo que muchos grandes líderes han hecho en este mundo. Es lo que ha sido la vida de Amma. Cuando era pequeña, descubrió que tenía el don de consolar a las personas. Ella ha utilizado su vida para hacer justo eso, seguir por completo el camino de su dharma.

Innumerables personas le preguntan a Amma: «Amma, ¿cuál es mi dharma? ¿Qué clase de seva / estudios / trabajo debo hacer?». Lo más importante no es lo que hacemos sino cómo lo hacemos. Lo que importa es la actitud que tenemos mientras actuamos. El trabajo que hacemos no debe definir quiénes somos. Lo esencial es sencillamente ayudar a los demás de cualquier manera que podamos, empleando nuestros talentos al máximo de nuestra capacidad.

Es fácil obtener la gracia divina; pero llegar a ser una persona genuinamente buena es mucho más difícil. Actuar siempre correctamente, realizar solo acciones desinteresadas y pensar siempre bien de los demás —domar el animal salvaje que vive en nuestra mente— es una tarea colosal. Eso no debe amedrentarnos. No hace falta que seamos esclavos, sacrificándonos siempre por los demás. Está bien asegurarse primero de que nuestras necesidades estén cubiertas. Después de todo, hace falta una cantidad increíble de esfuerzo constante para convertirse en un auténtico ser humano. La lucha por encontrar lo genuinamente «humano» en nuestro interior es una búsqueda de toda una vida. Hay que tener un espíritu heroico para lograr esa hazaña.

Un devoto contó esta historia:

Durante mis primeros años mis dos padres eran alcohólicos. La violencia, las drogas y el alcohol eran las únicas cosas que conocía. Empecé a beber al empezar la adolescencia y usar drogas poco después. Pronto estaba bebiendo y fumando todas las noches, y seguí con ese hábito durante veinte años. Estaba completamente perdido y consumido por mis adicciones. Intenté dejarlo varias veces, pero nunca fui lo suficientemente fuerte. El egoísmo y el autorreproche me consumían. Solo sentía paz cuando estaba drogado.

Cuando acudí a Amma, mi vida entera se transformó. Sentí una conexión instantánea con Ella y su amor me abrumaba. Inmediatamente supe que Ella quería de mí algo más que seguir perdido en las drogas y el alcohol. Dejé las dos adicciones la noche en que recibí mi primer darshan. Desde ese momento estoy limpio.

Al observar a Amma dar darshan me siento muy inspirado por el amor y el cariño que derrama sobre todo el mundo. Me ha inspirado para dejar mis hábitos destructivos y en su lugar empleo el tiempo ayudando a los demás. En vez de beber, ahora paso las tardes haciendo voluntariado. Amma me ha guiado al camino del amor verdadero y la paz interior.

Es sumamente difícil encontrar modelos inspiradores. Casi nadie vive con las intenciones más elevadas y los valores más nobles incorporados en su vida. Los valores de la paz, el amor y la compasión no pueden ser solo palabras en un papel. Debemos esforzarnos por reflejarlos en nuestras acciones. No basta con pensar que haremos grandes cosas en el futuro. Es necesario trabajar en el ahora. No hay que seguir desperdiciando la vida, planeando cambiar en el futuro. Inventamos toda clase de excusas para no actuar mejor ahora. Deja de excusarte diciendo: «pero / si / cuando todo esto cambie». Amma nos recuerda que esta vida no es un ensayo general. Esta es la realidad… aquí y ahora.

Desafíate a actuar según los ideales más elevados: sabes que es lo que debes hacer. De lo contrario, la vida se esfumará en vano. Nuestra energía se quema muy rápido en actividades improductivas. En vez de eso, esfuérzate por servir de cualquier manera que puedas. Si podemos aferrarnos a esta intención sagrada, obtendremos la gracia de nuestra propia mente y encontraremos en nuestro interior la paz verdadera que todos anhelamos.

Tener compasión no es tan difícil como podemos pensar. Es nuestro derecho de nacimiento y la gracia que nos salva. Cuando Amma da educación gratuita a niños mediante sus programas de becas, pone una condición: cuando hayan acabado los estudios y estén asentados en la vida, tienen que devolver la ayuda financiando a otro niño que no tenga el dinero necesario para proseguir sus estudios. De esa manera, Amma crea un bello efecto mariposa en el que las cosas buenas de la vida pasan de unos a otros. En nuestra vida hemos recibido muchas bendiciones. Expresemos nuestro agradecimiento por medio del servicio.

En teoría, el mensaje que nos da Amma es muy fácil: esforzaos por amar a todos y por servir a los demás de cualquier pequeña manera que podáis. Amma lo hace en todas sus acciones, con cada respiración. Con un poco de esfuerzo, combinado con la guía y la gracia de Amma, también nosotros encontraremos su extraordinario amor a nuestra disposición dentro de nosotros mismos.

Capítulo 18

Tener un poco de fe

No eres una gota en el mar. Eres
el mar entero en una gota.

Rumi

Cuando se han hecho encuestas para saber quién es más feliz, si la gente que cree en un poder superior o los que no tienen ninguna fe en absoluto, siempre se demuestra que las personas que tienen fe disfrutan de mayor felicidad en su vida.

Nadie nos puede forzar a tener fe. Es algo que tenemos que desarrollar por nosotros mismos. Si tenemos fe, verdadera fe en Dios o en el guru, nadie ni nada puede debilitarla. La fe verdadera es inamovible e inmutable. Para adquirir fe tenemos que escuchar el corazón, la mente y el intelecto. La fuerza no interviene en el proceso;

sencillamente, la fe despierta en nosotros mientras caminamos por el camino del amor.

A veces las personas piensan: «No voy a creer ciegamente que Amma es mi guru, así que se lo voy a preguntar a Ella». Se acercan a Amma durante el darshan y le dicen: «¿Amma, eres Tú mi guru?» Amma es muy humilde y compasiva, esas cualidades fluyen naturalmente de Ella. Por eso, el que le preguntemos si es nuestra guru, nunca representa un problema para Ella. Nunca Le importa. Siempre está dispuesta a rebajarse a nuestro nivel y decir amorosamente: «Sí, sí, hija mía, Yo soy tu guru».

Amma es la mayor maestra espiritual que haya existido nunca. Si utilizamos nuestra conciencia y nuestro discernimiento, esta verdad resulta evidente. Mira, ve y siente su poder: hasta las vibraciones que provienen de Amma son suficientemente poderosas como para mostrarnos quien es Ella realmente. Analiza la manera en que ha vivido. Ella nos puede llevar completamente de la oscuridad a la luz, pero nuestra cooperación y nuestra conciencia también tienen que participar.

Algunas personas pueden sentir automáticamente la presencia divina de las grandes almas porque tienen una base espiritual para entender estas cosas. Pueden sintonizarse fácilmente para acceder a la vibración que emana de un maestro iluminado. Sin embargo, muchos más pueden no haber alcanzado ese nivel y simplemente ven a Amma como una mujer bondadosa que da unos abrazos maravillosos y dirige una increíble red de obras benéficas. En última instancia, a Amma no Le importa en absoluto lo que las personas piensen o digan de Ella. Simplemente fluye hacia el mundo como un poderoso río de amor que nos lleva de vuelta a esa misma fuente si optamos por seguirlo. Lo que decidamos hacer con su agua vivificadora solo depende de nosotros. El río simplemente fluye.

Un sátguru ve el pasado, el presente y el futuro. Cuando Amma nos mira, sabe todo lo que pasa en esas diferentes esferas. Tiene la capacidad de sintonizarse con otras dimensiones si es necesario. Eso no significa que nos juzgue desde su conocimiento. Ella siempre es comprensiva y compasiva.

Cuando miramos a Amma no podemos recordar el pasado, predecir el futuro o ni siguiera vivir en el presente por más de unos segundos. La miramos y, a causa de nuestras capacidades limitadas, nos preguntamos: « ¿Me conocerá de verdad?, ¿Entenderá completamente qué es lo que pasa?» Sí. No tengas duda. Hay muchos que han sido bendecidos con la experiencia directa de la omnisciencia de Amma.

Cuando el hermano de Amma era adolescente, no había probado nunca el tabaco ni el alcohol. Un día, mientras pasaba un rato con otro adolescente que vivía cerca, ese amigo le tentó para que fumara un cigarrillo. El hermano de Amma no sabía qué hacer. Pensaba que fumar estaba mal y no quería que Amma se enterara de que le tentaba hacerlo; pero también se sentía un poco emocionado por la idea. Su amigo le propuso:

—Encontrémonos aquí mañana y traeré un cigarrillo para que te lo fumes.

A la mañana siguiente, cuando el hermano de Amma estaba ordeñando las vacas, Amma se le acercó, y le preguntó:

—¿Tú fumas?

Él se quedó helado y no contestó. Ella siguió hablando:

—Ya sé que no lo has hecho, así que, ¡sigue sin hacerlo!

Él se quedó estupefacto por el tono de advertencia que había en su voz. Aunque todavía no había fumado, estaba planeando hacerlo ese mismo día. Se dio cuenta de que Amma lo había buscado esa mañana para evitar que fuera por el mal camino. Después, siempre tuvo cuidado de no actuar mal y de no meterse por caminos equivocados.

La mayor parte de los familiares de Amma no tienen muchas ocasiones de pasar tiempo con Ella como hacían cuando vivían juntos. Puede pasar bastante tiempo antes de que Amma los llame para hablar con ellos y eso a veces los entristece. Ese mismo hermano a veces piensa: «No hago nada malo y por eso Amma no me llama. Si hiciera algo malo, Amma me llamaría». Siempre que quiere hacer algo que sabe que Amma no aprobaría, su norma es siempre decírselo primero mentalmente a Amma y después decírselo a su mujer.

Un día estaba tan frustrado porque Amma no le llamaba que decidió finalmente probar el tabaco. Siguiendo su norma, se lo dijo primero a Amma, mentalmente, y después le contó abiertamente el plan a su mujer. A ella le sorprendió, pero no dijo nada. Al instante, sonó el teléfono. Le pidió a su mujer que se pusiera. Ella se negó, así que se puso él. Era Amma, llamándole para que fuera a verla a su habitación. Aunque solo era una amenaza hecha a la ligera de que iba a ir por el mal camino y fumar, Amma lo llamó inmediatamente.

Eso no significa que debamos amenazar con realizar malas acciones para que Amma nos preste atención, pero muestra lo mucho que nos entiende y nos cuida. Amma siempre pide que nos comportemos correctamente. Su único deseo es que caminemos en la dirección dhármica por el camino del amor.

No hay mejor oferta en ningún lugar de este mundo que la de refugiarse en sus pies de loto. Siéntete libre de salir y buscar, pero en ningún lugar de esta creación vas a encontrar a una guru mejor. Amma es la testigo silenciosa de todo, y constantemente concede la gracia, la felicidad y el amor. Da mucho más de lo que podemos llegar a entender.

La madre que nos trajo al mundo se ocupará de nosotros durante unos años, pero Amma promete volver hasta el fin de los tiempos para llevarnos hasta la meta final de la liberación del sufrimiento. No va a obligarnos. Simplemente, nos dará la mano y nos guiará por el camino. A veces, si es por nuestro bien, puede empujarnos un poco hacia adelante cuando empezamos a dudar. Puede hacernos afrontar cosas que nosotros verdaderamente no queremos afrontar; pero el poder de su amor es tan grande que nos puede ayudar a superar cualquier reto que se nos presente.

Las personas han sido heridas por muchas experiencias en la vida. El amor tiene un efecto sanador mayor que ninguna otra cosa de este mundo. Eso es lo que nos ofrece Amma.

Amma es la manifestación de nuestro verdadero Ser. Ella ya está plena y completa. No desea nada de nadie, incluidos el amor y la devoción. La verdad es que somos nosotros los que la necesitamos a Ella. Nosotros somos los que se benefician de la fe en Amma. Su amor y su guía solo traen gozo a nuestras vidas.

Todos los devotos tenemos historias asombrosas sobre nuestras experiencias con Amma, pero las olvidamos demasiado rápido. Escuchamos a la voluble mente y a personas volubles. Pensamos: «No, quizá Amma no esté iluminada. Ella tiene sus favoritos. A mí no me mira nunca. Está hablando con esa persona todo el rato». O alguna otra razón tonta. Amma no se deja arrastrar a los dramas que nosotros representamos, aunque a veces parezca que lo hace. Puede reaccionar ante diversas situaciones expresando diferentes emociones como la tristeza o la ira; pero en su interior permanece impasible.

Amma está completamente instalada en la comprensión suprema. Siempre está experimentando lo Divino inherente en cada átomo de esta creación. La liberación es un estado elevado de la mente. Por eso se dice que nunca debemos juzgar a un maestro, porque su mente funciona de una manera diferente a la nuestra. Cuando nos permitimos parar y observar objetivamente a Amma, la verdad se hace evidente: Amma simplemente es una encarnación del amor puro.

No hay huida del amor. Más pronto o más tarde todos tendremos que rendirnos ante esta verdad y convertirnos también en personificaciones del amor.

Amma es una mensajera del amor, es la manifestación del poder puro y del altruismo, y está aquí para llevarnos de la oscuridad a la luz. Ha venido para recordarnos quiénes somos de verdad.

Lo más grande que he aprendido de Amma es que el poder del amor es realmente la respuesta para todo.